沈杰——著

教育公平视角下集团化办学新探索

新华出版社

图书在版编目（CIP）数据

教育公平视角下集团化办学新探索／沈杰著．—北京：新华出版社，2021.10
ISBN 978-7-5166-6077-5

Ⅰ.①教⋯ Ⅱ.①沈⋯ Ⅲ.①中学—办学经验—北京
Ⅳ.①G637

中国版本图书馆 CIP 数据核字（2021）第 206968 号

教育公平视角下集团化办学新探索

作　　者：沈　杰

责任编辑：赵怀志
封面设计：武　艺

出版发行：新华出版社
地　　址：北京石景山区京原路 8 号　　　　邮　　编：100040
网　　址：http：//www.xinhuapub.com
经　　销：新华书店
购书热线：010-63077122　　　　中国新闻书店购书热线：010-63072012

照　　排：北京人文在线文化艺术有限公司
印　　刷：廊坊市海涛印刷有限公司
成品尺寸：170mm×240mm　1/16
印　　张：13.5　　　　　　　　　字　　数：174 千字
版　　次：2022 年 6 月第一版　　　印　　次：2022 年 6 月河北第一次印刷
书　　号：ISBN 978-7-5166-6077-5
定　　价：60.00 元

本书编委会成员

（按姓氏笔画排序）

丁伯华　　王玉娇　　王　金　　王春凯　　邓文卓　　邓　晨

卢青青　　曲建华　　任海霞　　刘　明　　刘　佳　　许向辉

许红云　　阮守华　　杜君毅　　李　泉　　李常宝　　李　斌

李　颖　　杨森林　　张　英　　张剑雄　　范广宁　　胥　庆

徐　骏　　高国欣　　梁宇学　　蔡明春

前 言

　　教育是国之大计、党之大计。实现中华民族的伟大复兴，基础在教育。以习近平同志为核心的党中央始终高度重视教育这项民生大事，一直将教育事业的发展摆在优先发展的战略地位，开启了建设教育强国的新征程。经过几代教育人的努力，我们的基础教育已经历史性地解决了"有学上"的问题，实现了教育公平的大跨越。所以，在"十四五"这一时期，我们的基础教育发展更应着眼于人民群众对于"上好学"的美好愿望。

　　随着社会的不断发展，国民对于优质而公平的教育的追求逐渐凸显，如何从基础均衡迈向优质均衡是当前中国教育不断改革和发展的大目标。不同区域之间教育质量的差异和发展的不均衡性，优质教育资源的供需矛盾，教育公平仍存在的短板，是我们面对的现实背景。为不断提高现有优质教育资源的使用效率，促进基础教育优质均衡发展，国家不同程度地进行了多种形式的改革与实践。其中，集团化办学的蓬勃发展让我们看到突破陈旧教育发展格局的可能。

　　本书以教育公平理论和合作共同体理论作为理论基础，聚焦于首都师大附中教育集团发展路径和集团化办学实践，全面梳理和阐释了教育集团的顶层设计、制度与文化建设、优质教育资源共享、教师共同培养等方面的有效方式，这一模式成就了集团各校"各美其美　美美与共"的发展生态，对进一步推动基础教育集团化办学的创新发展及优质均衡具有重要的借鉴意义。

首都师范大学附属中学是一所北京市百年名校，以教育救国之志创办于1914年，是北京市首批市级重点中学和首批市级示范性高中，被教育部、人事部授予"全国教育系统先进集体"光荣称号。学校始终秉持"正志笃行、成德达才"的育人理念，走在教育发展前沿，不断深化教育教学改革，高质量发展"成达教育"，为祖国教育事业贡献力量。

自2008年起，首都师大附中积极承担社会责任，开拓办学思路，走上集团化办学之路。为促进优质教育资源均衡发展，首都师大附中教育集团历经十余年的开拓与发展，成长为北京市涵盖7个区县11所学校的优质教育集团，社会影响力不断增强，赢得了良好的社会口碑。历经多年发展，首都师大附中教育集团打破观念和认知的僵化，通过打造集团资源库和加强校际互动交流等多种手段，促进了集团成员校领导班子的科学管理水平和教师队伍的整体素质的提升。为激发办学活力，进一步深化课程改革，改变课堂教学策略，集团采取更有针对性的诊断式指导，推动实现从"输血"到"造血"的根本性转变。

最后，本书在宏观理论研究和微观实践研究相结合的基础上，也对如何更加行之有效地解决集团化办学未来发展面临的问题进行了探讨，提出了更多的可能路径和政策支持。

教育公平是实现社会公平的重要基石，也是优化社会人力资源结构和提升社会人力资源质量的根本之一，更是为国家转向高质量发展提供人力和智力的源泉。作为一个人口大国，中国推进教育公平，让每个孩子都能享受优质教育的难度可想而知。因为教育托举民族未来，所以让越来越多的孩子共享优质教育资源，通过知识改变命运，是我们不断思考和前进的方向。

▌目　录▌

▌第一章▐

集团化办学背景与定位

第一节　集团化办学产生的背景

一、教育公平问题

教育公平是社会公平的构成部分，是整体社会公平在教育领域的延伸。教育公平主要包括教育权利平等、教育机会均等、教育过程平等和教育效果公平等内容，具体来看，教育权利平等是指每个公民都享有平等地受教育的权利；教育机会均等是指公民无歧视地分享教育资源的权利；教育过程平等是指个体在受教育的过程中接受平等的待遇；教育效果公平是指每个个体在接受教育之后都能达到基本的标准。

随着国力的增强、社会的进步与发展，改革开放以来我国的教育公平得到了非常大的改善。但是由于人口众多、地域经济文化发展不平衡等现实情况，我国的教育公平仍存在一定问题。因为教育权利平等已经获得了历史性进步，所以人们将教育公平问题的关注重点放在了教育机会均等、教育过程平等和教育效果公平这三个方面。

教育机会均等虽逐步提高，但仍然不足以满足社会需求。因为我国教育体制覆盖的社会人群广泛，不同地区享受教育机会的差异表现出机会的不均等。例如，与城市相比，农村地区的教育资源和教育技术显然是不足的。教育过程平等也存在较大的提升空间。教育过程平等要求每个学生个体在受教育的过程中，在教育经费、教育内容、教师质量、教学评价等方面受到平等的对待。但根据实际情况，要达成过程平等十分有难度，也正是因为教育过程的不平等产生了"择校热"等社会热点问题。谈到教育效果公平，更是受到个人因素、教育质量和发展机会等多方面因素的影响，甚至处于同一教育体系中，不同主体培养出的学生教育效果都有很大不同。

二、教育公平的相关理论研究

放眼世界范围内，教育公平问题也在不断凸显。教育公平理论的研究从开始便呈现出多学科、多视角、研究内容不断深化、研究视阈和范畴不断拓宽的特征。多元视角下的教育公平研究为其理论发展和实践推进贡献了智慧增量。

首先是约翰·罗尔斯（Rawls，J.）的公平正义理论。罗尔斯所构建的社会正义理论体系的政治哲学对教育公平的研究产生了深远影响。其理论的核心部分是正义的两个原则，即平等的自由原则、公平的机会平等原则和差别原则。也就是说，首先每个人都享有平等的权利，同时最大限度地改善最不利者的地位处境，最不利者的最大利益是衡量政策是否公平的标准。因此，他提出了"补偿教育"的观点，教育资源的分配应对贫困群体等处于弱势地位的受教育者给予特殊的受教育权利或利益补偿。在詹姆斯·科尔曼（Coleman，J. S.）的调查报告《教育机会均等的观念》中指出，完全的教育机会均等是难以实现的。他评价教育公平的准则是指每个人都有平等入学的机会，每个人在受教育过程中受到平等对待，每个人取得教育成效的机会平等。这一观点对世界范围内教育实践领域公平的发展产生了深远影响。而托尔斯顿·胡森（Husen，T.）则将"教育机会均等"归纳为演变的三个阶段：一是保守主义阶段，每个人能力最大限度地发挥取决于个人的先天禀赋；二是自由主义阶段，因为每个人先天禀赋的不同，所以教育的主要功能就在于制定改善资源分配机制等措施，从而保障个人教育成就均等；三是激进的新阶段，主张为处于弱势的个体提供平等学习机会，利用教育补偿措施使每个人都能发挥天赋和潜能。相较于科尔曼和胡森从教育平等来思考如何实现教育公平，克里斯托夫·詹克斯（Jencks，C. S.）则从教育不公平的表现形式来分析和研究教育平等问题。他认为，教育之所以存在不公平，是因为行政部门的过度规划，因此主张推行"教育券"计划，保障弱势群体具有获得高质量教育的机会。

尽管学者们关于教育公平研究的视角和侧重点不同，但其提出的教育公平观点都蕴含着以下逻辑：为保障每个人享有平等的受教育的基本权利和义务，国家和政府必须提供相对平等的受教育的机会和条件。为了平等地对待所有人，国家必须提供一定的帮助和制定必要的政策以保证弱势群体的教育均等，使他们的教育利益最大化。

教育欠发达地区教育不公平现象严重，危及社会公平正义的实现甚至影响到社会整体发展。教育公平理论中的差别原则和补偿原则为破解教育公平问题提供了基本的理论遵循。政府在教育资源分配中应坚持教育公平的差别原则，采取切实可行的补偿政策和措施，对不利群体的教育予以必要的补偿和优先扶持，从而缩小其与获利群体之间教育机会的差距。

三、我国教育发展的失衡问题

长期以来，城乡分割二元社会结构和"等级化的学校制度"所形成的城乡及校际教育资源配置的巨大差异，使教育存在着城乡分治、重点与非重点分治的双重二元结构。这种发展不均衡状况已经成为制约教育可持续发展的困境之一。

（一）城乡之间教育发展失衡

随着教育需求的不断扩大，一些政府寄希望于采取集聚的方式来提高资源利用效率。然而，教育资源的过度集聚产生了规模庞大的"超级中学"，使得城乡差距进一步拉大，导致教育质量的下降，造成优质师资和生源的垄断，破坏了地区整体的教育生态平衡。

（二）示范校与非示范校之间发展失衡

我国示范性高中的创建始于 20 世纪 90 年代，随着国家政策的出台，示范性高中创建工程在全国范围内陆续展开。自 2000 年以来，各地更是将兴办示范性高中作为发展普通高中的重要途径之一，以期通过示范性高中的典型作用带动区域协调发展。然而，从具体实践层面来看，许多地区示范性高中的创建非但不能弥合城乡、校际间的差距，反而构成了一种制度性排斥，加剧了区域内教育资源配置的差距，影响教育公平。政府集中优势资源投向示范性学校，在经费投入、师资引进、学生招录等方面的倾斜，使得示范性学校与非示范性学校之间的教育资源配置不均衡局面越来越突出。然而，在示范性学校肆意垄断教育资源的同时，其本应具有的引领示范作用却未能得到充分发挥。

（三）内涵发展困境

提高教育质量是新时代教育改革发展的核心任务。"有质量"意味着教育发展方式的转变，即由规模扩张为主的外延式发展逐步向以提高质量为核心的内涵式发展转变。然而，当前教育不发达地区的内涵式教育转型发展中仍面临诸多困境和阻碍，主要表现为优质生源流失、师资队伍建设薄弱等。

四、集团化办学是解决教育公平问题的应然之举

教育公平是社会公平的重要基础。党的十九大报告指出："必须多谋民生之利、多解民生之忧，在发展中补齐民生短板、促进社会公平正义"，并对促进教育公平作出重要部署。从 2006 年开始，教育均衡发展成为国家义务教育发展的政策着力点。2010 年 7 月，《国家中长期教育改革和发展规划纲要（2010—2020 年）》指出，均衡发展是义务教育的战略性任务。2016 年 7 月，《国务院关于统筹推进县域内城乡义务教育一体化改革发展的若干意见》明确表示，要通过城乡义务教育一体化、实施学区化集团化办学或学校联盟、均衡配置师资等方式，加大对薄弱学校和乡村学校的扶持力度，促进教育均衡发展。

集团化办学是促进教育质量提升和优质均衡的重要战略手段之一。2019 年 2 月，中共中央、国务院印发了《中国教育现代化 2035》，并要求各地区各部门结合实际认真贯彻落实。其中明确指出："提升义务教育均等化水平，建立学校标准化建设长效机制，推进城乡义务教育均衡发展""在实现县域内义务教育基本均衡基础上，进一步推进优质均衡"。随着国家义务教育规模的迅速增长和人民群众对于优质教育需求的大幅提升，国家教育政策改革与发展的重心逐步由注重数量和规模的阶段，步入到了注重质量和公平的阶段。基础教育均衡发展是目前的核心任务之一，也是促进教育公平和提高中小学教育质量的有效途径。

随着我国社会和经济的高速发展，广大人民群众对优质教育的强烈需求与渴望空前高涨。各级教育管理部门积极推进教育现代化工程，通

过多种举措逐步缩小区域间、校际间的教育差距。在硬件建设同步高水平发展的同时，内涵发展却仍差异明显，尤其是学校管理水平、教师队伍建设和专业化发展方面存在明显不足。在此背景下，教育管理部门在区域范围内稳步推行教育集团联动制，并试点出台了优秀学校"托管"相对薄弱学校的举措。

集团化办学深化了教育资源的契合度，推进优质教育资源的共享，有助于强化管理，开展协作式发展，改善学校文化、课程体系、教师队伍建设等内容，建立扁平化管理体制，提高学校运行效率，最终逐步缩小学校之间的差距。

第二节 集团化办学的出现与发展

一、集团化办学的形成

改革开放以来，国家教育事业蓬勃发展，取得了举世瞩目的成就。但从宏观角度来看，目前我国义务教育发展仍不均衡，全国各区域之间和各区域内教育水平差距较大。教育资源的不均衡发展也导致了一些社会热点问题，如"择校热""炒学区房"等，造成了不良影响。任何社会现象的产生，都不是独立的，其背后都有着社会、经济、文化等方面的影响。随着我国经济社会的高速发展和持续进步，人们对于优质教育资源的选择需求日趋迫切。那么面对社会发展的更高层次的要求，教育领域也不得不对其做出积极回应，因此多元化办学体制的变革成为重要发展趋势。

为了不断提高现有优质教育资源的使用效率，促进我国义务教育阶段的均衡发展，全国各地多措并举，进行了多元化的改革与实践探索。

多年来，各地政府教育部门和学校都积极地开展各类教育扶贫活动，来支持教育薄弱学校发展。然而，由于缺乏持久动力，教育扶贫活动后劲不足、形式随意，所以实际效果差强人意，对于教育资源配置不均衡的问题没有提供很好的答案。

集团化的形式最早起源于企业。企业的集团化经营主要是现代化企业可以在经营管理中集中优势资源，通过制定明确的市场定位、规范的企业管理制度、统筹集团内部公司的业务行为，以期以更低的成本获取更大的市场份额，提高集团内部生产效率。而集团化办学则创造性地运用了企业经营概念和理念内核，来充分发挥教育优势，让优质教育资源实现最大化效应。如何对区域内基础教育优质资源进行整合，使薄弱校和新建校教育教学质量得到提升，实施集团化办学成为调整和优化区域内教育资源的必然选择。自20世纪90年代开始，集团化办学开始出现。它在很大程度上突破了教育扶贫的局限，将名校和薄弱校绑定组成一个共同体，形成了稳定的内部发展机制和外部发展环境。通过集团内部的资源共享和优势互补，这种集约化的管理方式不断扩大名校的影响力，促进了教育资源在一定区域内的优化配置，是一种组织与制度上的创新。

集团化办学主要是指区域内以具有优质教育资源的学校为核心，集合该区域内多所学校（一般为教育资源较为薄弱的学校），组建成为教育集团的形式进行运作，设定共同的教育发展目标，使得教育资源在集团总校和集团成员校之间不断进行重组和优化配置，进一步推动优质教育资源在教育集团内部的二次分配，缓解了区域内教育资源配置的不均衡。集团化办学提高了优质教育资源的使用效率，引发了名校的品牌扩张，更是促进区域内学校办学机制、内部治理、教师发展和教学模式等多方面的改革，以较高的效率创造性地促进了基础教育领域优质均衡发展，推动了教育公平问题的实现。在国内，杭州、上海等地就集团化办学进行了数年的探索和实践。例如，杭州求实小学从1999年开始进行集团化办学，这是全国范围内最早进行的义务教育领域公办学校集团化办学方面的探索；上海的建平中学教育集团也已发展成为一个以公办学校为主体，多种办学形式融合的教育办学联合体。

二、集团化办学的类型、现状与发展

虽然与国外教育集团的发展相比较，我国教育集团的起步和发展相对较晚，但是发展速度较快，集团化办学的概念也日趋清晰。

按照集团内各成员学校之间纽带契约关系，集团化办学大致可以分为产业企业支持型、委托代理型、教育股份制型、滚动发展积累型、企校转制型、名校品牌扩张模式。前五种模式的基本关注点是解决受教育问题，而名校名牌扩张模式的关注点是解决优质教育均衡化的问题。用名校集团化办学模式，来推动相对薄弱的学校发展，通过品牌学校的品牌推广张力，将品牌学校的办学理念、管理模式推广应用，推动所在地域的教育整体发展，同时也能进一步帮助名校总结集团运作模式，扩大优质教育面，满足日益增长的优质教育的需求。在名校品牌扩张模式中，原有的名牌学校依靠其教育品牌兼并同类薄弱学校或与企业合作创办新学校，通过人才和管理经验的输出，实现名牌复制，从而优质教育资源扩张，形成具有名牌学校特色的系列学校。这种以公办名校为核心的教育集团，备受教育主管部门和学生、家长们的热捧。

名校集团化是指以名校为领衔，通过名校输出品牌、办学理念、管理方式、干部和优秀教师、现代教育信息技术等内容，并以此为契约纽带，将几个学校联合在一起，运用领先于时代的教育理念和先进的现代企业运作方式的有机结合。遵循教育自身发展规律的集团化办学模式，组成的是一种新型的办学组织形式。学校集团化办学以后，在集团内部要有一个统一的核心理念，否则很容易走进"一盘散沙"的低效状态。

但强调集团内部必须要有一个统一的核心理念，并不是说要在所有成员学校中原封不动地照搬集团核心层品牌学校的办学理念和办学特色，而应该有所发展，注重学校之间的差异性，要站在"大家庭"的角度进行文化创新。薄弱学校通过输入品牌、办学标准和骨干队伍进行管理服务，以品牌为标志，创造性地借鉴品牌学校的办学经验、办出特色，为提升品牌价值做贡献。各成员校都坚持优质教育旗帜，但又都有所侧重，在坚持集团内部统一核心理念的同时，各有特色，真正实现资源整合，优势互补。

日积月累，集团化办学在广泛实践的过程中得以蓬勃发展。除了民办教育集团之外，公立教育系统内部集团化办学也有所发展，形成了一些以促进教育公平为目标的公办教育集团。这也成为我国目前集团化办学的极大特色。国家教育行政部门都开始采用集团化办学的组织形式来建设学校，极大地促进了公办教育领域内教育集团的迅猛发展。

第三节　合作共同体理论

就目前教育集团的发展状况而言，基础教育领域的集团化办学发展仍处于发展的初级阶段，体制、机制不完善，存在着各种各样的问题。要促进基础教育集团化办学的进一步发展，需要注重教育集团的品牌效应，以科学的内部管理凝结成合作共同体，大规模提升优质教育质量，赢得良好的社会口碑，满足人民群众日益增长的选择性需求。

教师教育的改革与发展催生了以培养教师为基本目标和任务，由示范性学校和普通学校共同参与的合作共同体。作为教育组织之间的一种社会连接形态，中小学合作共同体正在发展成为当前学校内外格局变化的新的发生性和结构性资源。

一、合作共同体建立的背景和意义

随着教师教育体系的逐步构建，专业化特点日渐显著，教师教育模式也日趋开放与多样，中学之间的伙伴协作作为提升教师培养质量的探索而受到青睐。20 世纪 80 年代，美国的"集团发展学校"就是教育贫困中学与公立中小学之间组成伙伴关系的一种新型机构。如今，基础教育在国家发展中的战略地位日益凸显，对教师和教育质量的要求越来越高。因此，示范性中小学与相对薄弱中小学之间的伙伴协作关系逐渐深化，教师教育的合作共同体应运而生。

二、合作共同体中的建设思想和角色关系

共同体的合作类别十分多样化：学校之间的合作、中小学之间的合作、示范性中小学与教育困难中小学之间的合作。

以首都师范学校教师教育合作共同体为例，共同体突出了示范性中小学与教育困难中小学之间的合作，合作的传统做法是中小学接收学校实习生，优势学校指导弱势学校开展教育教学改革，这是典型的帮助型合作，形成方式是基于传统情谊，通过教育管理部门协调形成的示范性中小学与相对薄弱中小学合作，特点是互利型，形成依据制度或权力。为更好地发挥共同体的功能，首都师范学校各个附中提出并实施了协同型合作模式，以形成团队合作为主，合作共同体的建设思想是"开放、合作、实践"。

学校之间的协作是一种由"共栖关系"（symbiotic relationship）所衍生的试验。在此关系中，双方都可以是自私和无私的。自私是由于学校各自有其独特的发展目标和需求，在合作关系中更注重满足发展需

求。而无私则是基于更崇高的专业精神，同心协力地改进学校不足，提高教育教学质量。"共栖关系"表明学校之间的协作关系是平等、互信和互惠的。

因此，示范性中小学与相对薄弱中小学协作的性质与关系表现为以下几个方面：第一，双方有明确的共同协作目标；第二，协作中双方地位平等；第三，双方通过协作促进各自发展，协作是互惠的；第四，双方彼此诚悦接纳，协作是互信的；第五，协作重"起而力行"，具有践行性。由此可知，"协作"不仅表明一种关系，更重要的是反映了双方为改善教育实践而共同探索的过程与结果。

三、合作共同体引发的变化

（一）学校教师共同获得专业发展

在协作中，学校教师在对教育实践的深入探索中理解了教育的本质，丰富而鲜活的亲历教育实践充盈了教师已有的教育理论，构建"活的教育学"，使得中小学教师重新理解了教师职业的性质和教育的现实意义。他们在思考、实践日常教育教学工作中形成了研究思维，不断进行教育教学反思。教育理论不再是书本上的"说辞"，而是真实地指导着并改善着教育实践。

（二）促进双方学校功能的建设

示范性中小学与薄弱或普通中小学协作，促进了中小学培养教师功能的建设。教师是教育教学实践的主体，其专业发展是在教育教学活动的思考与实践中实现的，更是决定学校教育质量的关键因素之一。在协作过程中，学校始终将教师培养作为教育质量改进的一项主要任务，学校也具有使教师获得持续有效专业发展的功能。对于示范性中小学而言，协作过程中优质学校教师深入教育实践，对基础教育发展提供专业服务和学术支持，实现教育理论与实践的创新。协作既促进了学校教育专业的建设，也促进了学校社会服务功能的建设，提高了学校的社会影响力和教育服务水平。

(三) 构建新型合作共同体

示范性中小学与薄弱或普通中小学协作会逐渐形成一个不断发展壮大的新型学习共同体。这种学习共同体不隶属于任何行政单位，民主、开放、探索、积极解决问题是共同体的特征。共同体成员之间没有层级，能够真正实现平等对话，对教育教学实践中的问题和现象抛开其他人为影响因素进行本质分析，突破成员经验、背景的局限，对教育问题多角度、全面的理解，从而准确把握问题关键，有效解决问题。在这个多元文化融合的共同体中，有来自学校文化的理性思考，对事物本源探究的态度和对教育理想的执着追求，在实践中研究、在研究中实践，从而在不同文化的碰撞中构建起以多元和先进为基本特征的新型群体文化。

自 2010 年以来，各个教育阶段的大部分学校硬件资源配置已基本均衡，但在学校文化、办学理念、师资队伍、课程建设、教育质量等方面的内涵式发展仍存在较大差异。鉴于此，首都师大附中致力于通过构建区域学校发展共同体，从文教化融合与重构的视角，聚焦校际教育共同发展的核心问题，整合教育资源，构建动态均衡、双向沟通、良性互动的教育体系和机制，进一步缩小区域教育差距，形成共同办学优势，有效促进区域教育的优质均衡发展。

▌第二章▐

首都师范大学附属中学教育集团

第一节　集团成员校概况

　　首都师范大学附属中学始建于 1914 年，是为北京市首批市级重点中学和首批市级示范性高中校，2007 年被教育部、人事部授予"全国教育系统先进集体"光荣称号。为努力让每个孩子都能享有公平而有质量的教育，实现教育资源的优质均衡发展，首都师大附中积极承担社会责任，充分发挥示范辐射作用，坚持"资源共享、集中优势、科学整合、保留特色、协同创新、优质发展"六条基本原则，在教育薄弱地区开办分校，创新集团化办学模式。2008 年，首都师大附中教育集团成立，成为北京市较早走上集团化办学之路的学校。经过十余年的蓬勃发展，首都师大附中教育集团目前已形成以总校为核心，辐射门头沟区、海淀区、大兴区、昌平区、通州区、房山区、朝阳区的 7 区 11 校的格局（表 1）。

表 1　集团成员校概况

成员校	所在区县	加入时间	类型	办学规模	LOGO
首都师范大学附属中学	北京市属	1914 年	总校	完全中学	
首都师范大学附属中学永定分校	门头沟区	2008 年	承办	完全中学	
首都师范大学附属中学第一分校	海淀区	2010 年	承办	初中校	
首都师范大学附属中学大兴南校区	大兴区	2012 年	承办	九年一贯制	
首都师范大学附属中学大兴北校区	大兴区	2013 年	创办	九年一贯制	
首都师范大学第二附属中学	海淀区	2014 年	承办	完全中学	
首都师范大学附属中学昌平学校	昌平区	2014 年	承办	完全中学	

续表

成员校	所在区县	加入时间	类型	办学规模	LOGO
首都师范大学附属中学通州校区	通州区部分市属	2015 年	创办	完全中学	
首都师范大学附属中学北校区	北京市属	2018 年	创办	初中校	
首都师范大学附属中学实验学校	房山区	2018 年	创办	九年一贯制	
首都师范大学附属实验学校	朝阳区	2019 年	协办	九年一贯制	

一、首都师范大学附属中学

1914 年，北洋政府陆军部次长、西北筹边使兼西北边防军总司令徐树铮创办京师私立正志中学校，蔡元培、朱光潜等学术大家或社会名流曾担任过校长或校董，在这里追寻教育救国的理想。几经更名，校址变迁，学校于 1992 年正式更名为首都师范大学附属中学，坐落在昆玉河畔，与慈寿寺为邻。

百余年的办学历程中，学校始终坚守"正志笃行、成德达才"的教育理念，在"守正、开放、创新"的三大学校发展理念指导下，倡导办负责任、有内涵、有温度的"成达教育"，其本质就是将"人"的培养放在核心位置，遵循教育规律和人才成长规律，培养正志笃行、成德达才、胸怀天下、报效祖国的创新人才。"成达教育"不浮躁、不盲从、不功利，追求高品位、高质量、高素质，让每个孩子实现全面而有个性发展、自主发展和可持续发展。

首都师大附中始终走在教育改革与发展的前列，全面落实"立德树人"根本任务，发展素质教育，坚持"五育并举"，形成"成达教育"育人体系。学校在课程建设、文化育人、创客教育、艺体教育、创新人才培养、国际教育及学生活动等方面有着显著的特色。附中教育教学水平始终位居北京市前列。

二、首都师范大学附属中学永定分校

首都师范大学附属中学永定分校始建于 1956 年，坐落于永定河畔—长安街西沿线，现为北京市首批优质高中。2007 年与首都师范大学附属中学合作办学，更名为"首都师范大学附属中学永定分校"，是门头沟区第一所公立完全中学。学校全面实施素质教育，始终坚持"为每一位学生终身幸福奠基"的办学宗旨，把培养具有"人文精神、自主意识、创新能力、幸福品格"的卓越公民作为学校的育人目标，努力创设师生幸福的生活环境，努力提供学生最适合的教育。

学校教风严谨、学风浓厚、环境优美、特色鲜明，先后被评为北京市信息技术先进校、北京市体育传统学校、北京市节约型示范校、北京市艺术教育特色校、北京市国防教育示范校、北京市防震减灾示范校、全国青少年校园足球示范校等荣誉称号。

三、首都师范大学附属中学第一分校

首都师范大学附属中学第一分校（以下简称一分校）成立于 2010 年，是首都师大附中在海淀区承办的第一所分校，是首都师大附中教育集团的核心成员校，依托百年名校优质资源，秉承"成达教育"理念，通过统一理念、统一课程、统一培养、统一教研、统一评测、统一招生等与附中本部深度融合，实现跨越式发展，已成为海淀区新优质学校。2020 年，在海淀区 76 所初中校义务教育社会满意度调查中排名第 10 位。

承办 11 年来，一分校传承首都师大附中优良办学传统，确立"追求卓越，做更好的自己"美好愿景，培养学生"修品行、求真知、健身心、尚艺美、会合作"，用"严、实、细、硬、快、稳、准"工作作风，打造"教师队伍优、学生培养优、课程建设优、校园环境优、教育质量优"五优工程，建设书香校园、智慧校园、优雅校园，努力办一所让学生喜欢、让教师幸福、让家长满意的优质而公平的学校。

学校注重全面培养学生综合素质，为学生的终身发展奠基。秉持"课程成就学生"的教育理念，沿用并发展了附中的四修课程体系。在认真落实国家课程的基础上，学校不断构建适合学生品格与关键能力发展的各种学习情境，为学生开发了几十门丰富有趣的活动课程，几十个学生社团已成为学生个性发展和展示才华的舞台。目前博识课、重力棋、科创课、纸工艺、烘焙课、陶艺、茶道等，已成为学校很有特色的校本课程。管乐团、合唱团、民乐团已在海淀区乃至北京市名列前茅。海淀区科技创新大赛中，参赛学生均荣获一等奖。中考成绩不断攀升，2020 年 58 名同学考入首都师大附中等市级高中示范校，占全体考生的 30.69%，从学生出口和入口的学业质量分析表明，优秀率提升了近

20%，这既体现了一分校良好的加工能力，也体现了附中集团化办学的良好成效。

一分校注重以国际教育交流促进内涵发展。先后与加拿大圣乔治中学、澳大利亚比兰努克学院、美国明尼唐卡学区、加拿大杜威学校、中国香港南屯门官立中学建立了友好校关系，是北京市海淀区青少年对台基地校、京台交流校，并成了美国明尼唐卡独立孔子课堂的中方合作院校，先后接待美国、澳大利亚、加拿大、挪威、泰国和中国港澳校长团、中国台湾地区维多利亚中学等各种友好来访30余次。一分校的众多师生曾出访米兰世博会、澳大利亚比兰努克学院、美国明尼唐卡学区等国家或地区。

不忘初心，砥砺前行。一分校全力依托首都师大附中教育集团的优质资源，始终坚守卓越的教育追求，在全体师生家长的共同努力下，学校办学规模不断扩大、课程体系不断完善、教育教学质量不断提升、社会影响力不断增强，先后获得首都文明校园、首批北京市中小学文明校园、北京市校园文化建设示范校、全国未成年人生态道德教育示范校、全国生态文明教育特色学校、海淀区新优质学校等荣誉称号。

四、首都师范大学附属中学大兴南校区

首都师范大学附属中学大兴南校区，隶属于首都师范大学附属中学教育集团，是大兴区教委所属公办中小学九年一贯制学校，是大兴区教委与首都师大附中为实施优质教育均衡发展和城乡一体化发展目标而联合办学的结晶。学校前身是北臧村中学和部分北臧村小学，生源为周边8村11小区及周边来京务工人员子女。

学校地处大兴区生物医药产业基地区域内，总占地面积约120亩。学校教育教学设施完备，各类专业教室近20个，包括科技活动室、书

法教室、国画教室、舞蹈教室、音乐教室、国学教室、历史教室、地理教室、劳技教室、美术教室、生物实验室、物理实验室、化学实验室、信息技术教室等。齐全先进的教学设施，规模宏大的体育场馆，应用广泛的校园网络，宽敞明亮的图书馆，温馨专业的心育中心，构建成了一所充满文化气息的现代化书香校园。

学校建在美丽的北臧村地区，浓郁的乡土气息与附中先进厚重的学校文化碰撞出绚丽而独特的火花。在附中先进办学理念的引领下，学校逐渐在发展中确立了以"让每个生命都出彩"为办学方向的"原色教育"办学思想。"原色"即本色，本色守正，方可特色鲜明，生命出彩。育人目标是培养志行德才兼备的"四美少年"。

五、首都师范大学附属中学大兴北校区

首都师范大学附属中学大兴北校区位于美丽的大兴新区，成立于2013 年 9 月，是由首都师范大学附属中学承办的一所高起点、高质量、高标准的九年一贯制学校。学校始终秉承首都师范大学附属中学本部"成德达才"的育人理念，恪守"自觉、勤奋、求实、创新"的校训，提出了"为每个学生未来发展奠基"的办学思想，确立了"修身、立德、树人"的教师发展目标和"博闻广见、卓有通识、内外兼修、知行合一"的学生发展目标。在王金校长的带领下，学校推行"九年贯通培养"，旨在打破学段壁垒，充分发挥九年一贯制学校的优势。学校领导干部团结合作，教师爱岗敬业，教育品牌逐步确立，办学业绩显著提升，得到了教育界同仁和社会百姓的高度认可。

六、首都师范大学第二附属中学

首都师范大学第二附属中学创办于 1964 年，前身是北京市花园村中学。2004 年，学校更名为首都师范大学第二附属中学，办学规模继续扩大，艺术、科技等传统教育项目成绩骄人。2014 年，在北京市教育优质、均衡发展的背景下，学校由首都师大附中承办，开启发展的新征程。

学校硬件完备，各类实验室、功能教室与运动场地齐全。周边科研院所林立、大中小学环绕，厚重的历史积淀与丰沛的人文气息形成了独具魅力的学校文化，涵养了端方的教师与温良的学子。学校获得全国现代化教育技术实验校、国家级语言文字示范校、北京市第三批中小学学校文化建设示范校、北京市艺术教育示范校、北京市信息化管理先进校、北京市精神文明先进单位、海淀区教育教学管理先进校、海淀区教育科研工作先进学校、海淀区艺术传统校、海淀区体育传统校、海淀区德育星级特色校等荣誉称号。

近年来，学校教育教学质量大幅提高，社会满意度节节攀升，高中招生分数线逐年上涨，逐渐成为了一所学生喜爱、家长满意、社会认可的优质学校。

七、首都师范大学附属中学昌平学校

首都师范大学附属中学昌平学校地处北京中轴线的延长线上，坐落在美丽的温榆河的怀抱之中，毗邻高科技人才荟萃的未来科技城，交通便捷四通八达，东南接空港，西北眺龙脉。学校坚持"人本、和谐、创新"的管理理念，坚守"爱国、科学、人文"的教育理念，把对

"人"的培养作为教育的终极目标，因材施教，努力提升学生的精神素养，培育厚德博学的创新人才。学校具备注重德育、注重实践、注重文化的办学特色，全面发展与学有特长两相兼顾，处处体现学生的主体性，并以"国内领先，国际一流"为学校的办学方向。

首都师大附中昌平学校与首都师大附中一脉相传，在今后的办学道路上，也会秉承附中百年的文化积淀，正志笃行、成德达才，努力吸收附中教育营养，积极打造一所让领导放心、家长满意、社会交口赞誉的优质学校。

八、首都师范大学附属中学通州校区

首都师范大学附属中学通州校区成立于 2015 年 9 月，是在北京市提出"办与北京城市副中心发展定位相适应的特色鲜明、现代化、高水平的基础教育名校"及"为北京市和通州区基础教育优质均衡发展服务"的指导思想下和北京市教委、首都师范大学和通州教委的共同关心中，由首都师范大学附属中学承办的一所高起点、高质量、高标准的现代化中学。通州校区将海淀优质教育带到通州，在办学理念、规章制度、管理模式、师资标准等方面均与附中本部一致，两校区实行"同一法人、一校两址、一体化管理"。通州校区高中部属于示范性高中校，面向全市招生。

九、首都师范大学附属中学北校区

首都师范大学附属中学北校区毗邻龙脉天成的百望山，2018 年来到德馨路 16 号，与位于北洼路 33 号的主校区南北呼应。北校区在充分整合了市区教育资源的基础上，开创了一种全新的办学模式，有别于附

中的任何一所分校，北校区除了办学地点与本部不同外，其他与本部完全一致：法人一致、师资一致（统一编制、统一调配、统一教研、统一管理、统一评价）、招生一致、学籍一致、课程一致。

北校区高度重视校园文化建设，把文化引领、培根铸魂放在首位，通过继承传统、守正创新，将学校的育人理念熔铸到建筑里，贯穿于课程中。学校将山、水元素贯穿于整个校园，赋予"群山"瀑布、三山五岳文化墙等建筑深厚的寓意，引导学生成长为肩负使命、追求卓越的时代新人。百年来，历代附中人一直将"正志笃行、成德达才"作为追求目标，北校区也发挥自身特色与优势，力求在继承中创新，在创新中收获，在收获中提升。

十、首都师范大学附属中学实验学校

首都师范大学附属中学实验学校地处房山区长阳镇核心位置，交通便利，各项配套设施齐全，学校北侧紧邻共和国部长纪念林，是房山区教委与首都师范大学附属中学联合创办、北京市教委正式批准的一所涵盖小学、初中、高中和高中国际部的公办学校，也是首都师范大学附属中学教育集团的第十个成员校。

建校至今，学校与首师大附中的办学理念、规章制度、管理模式、办学质量、师资标准等方面完全统一，实行"一个法人、一体化管理"模式。学校传承与发扬"正志笃行、成德达才"的教育思想，全面对接首师大附中的优质教育资源，用心做教育。结合房山区的教育实际，因材施教，努力提升学生的精神素养，培育厚德博学的优秀成达少年。

十一、首都师范大学附属实验学校

首都师范大学附属实验学校是九年一贯制公办学校，先后被评为朝阳区素质教育示范校、北京市科技教育示范校、北京市体育传统校、北京市艺术教育特色校等荣誉称号。学校现一校三址，设有小学部、初中部、国际部。

学校践行尊重理念，培养学生全面成长与个性发展，形成首师实验精神：倡导一种理念，尊重教育；弘扬一种精神，锐意进取；积淀一种品格，真诚奉献；达到一种境界，团结和谐。学校连续八年获得朝阳区中考工作优秀校荣誉称号，90%以上毕业生升入市、区级示范校，每年各项市、区级比赛中学生获奖超过3000人次。

第二节　成达教育体系建设

理念是实践的先导，一定的发展实践皆由一定的发展理念引领。发展理念的先进与否，影响着发展的实际成效。首都师大附中办学历经百年，"正志笃行、成德达才"的育人理念经过一代代附中人的奋斗传承至今，历久弥新。在新时代，依托深厚文化底蕴，围绕"成德达才"育人理念内核，学校倡导办负责任、有内涵、有温度的"成达教育"，其本质就是将"人"的培养放在核心的位置，遵循教育规律和人才成长规律，培养正志笃行、成德达才、胸怀天下、报效祖国的创新人才。首都师大附中的成达教育不功利、不浮躁、不盲从，追求高品质、高质量、高素质，让每个孩子实现全面而有个性发展、自主发展和可持续发展。

在办学实践过程中，首都师大附中不断对办学思想进行系统梳理，并形成了特色鲜明的成达教育体系。具体来看，成达教育体系由策略维度、治理维度、教师维度、学生维度、课程维度和课堂维度六个维度构成。

一、策略维度

策略维度是立校之本，旨在凝聚人心、激发创新活力，具体指成达"四为"办学策略，即育人成才为本、学术研究为魂、课堂教学为主、责任大局为重。

二、治理维度

治理维度是治校之道，旨在追求卓越、提升学校治理体系和治理能力现代化，具体指成达"六化"管理体系，即学校管理民主科学化、德育教育有效系列化、学科建设学术专业化、国际教育先进典范化、科技艺体普适特色化、教辅服务主动优质化。

三、教师维度

教师维度是强校之基，也是立教之本、兴教之源。深化教师教育改革、全面提高教师队伍质量是教育事业的重中之重。首都师大附中始终十分重视教师队伍的建设与发展，通过实施杰出青年计划、领军人才培养计划推进"成达教师卓越工程"，打造卓越教师队伍。"成达教师卓越工程"旨在以教师师德师风建设、促进教师专业发展、完善教师管理机制三个方面为着力点，倾力打造一支师德高尚、业务精湛的教师队伍。

四、学生维度

学生维度是育人之根，旨在通过建构成达五育育人体系，多措并举助力学生成德达才。学校德育工作注重五育并举、融合育人，培养学生的仁爱之心、睿智之脑、健康之体、发现之眼、创造之手，不断推进德育工作朝着规范化、专业化、实效化方向发展，为学生终身发展奠基铺路。同时，为了更好落实立德树人根本任务，全面发展素质教育，坚持五育并举，已逐步形成科学合理、系统规范和相对稳定的"四修"德育课程体系，可以更好地发挥德育的根本性、引领性作用。

五、课程维度

课程维度是兴校之源，旨在通过成达"四修"德育课程体系提升素养奠基学生未来。学校围绕人文与社会、数学与科学、艺术与技术、实践与创新和体育与健康五大领域，构建了系统成熟、渐进式的"四修"德育课程体系，即通过基础通修课程夯实学科基础、兴趣选修课程激发潜能志趣、专业精修课程促进专业发展、自主研修课程形成自主能力，实现全员育人、全程育人和全方位育人的目标。

六、课堂维度

课堂维度是教学之要，旨在打造成达思维发展课堂，帮助学生形成良好的思维品质。思维发展课堂是以促进高级思维能力发展为核心目标的新型课堂形态，担负着活化知识与发展思维的双重使命，进而培养和提升学生良好的思维品质，包括思维的深刻性、系统性、灵活性、敏捷性、创新性、批判性。专家经过研究发现，问题情境是思维发展的依托，认知冲突是思维发展的根本原因，可视化是思维过程和思维结果的显性载体，变式运用是实现思维迁移的有效手段，它们共同构成了思维发展型课堂的四大核心要素。杜威也说过："不断改进教学的唯一途径就是把学生放在必须思考、促进思考、检验思考的情境之中。"他还说过："困惑是思考的不可或缺的刺激。"不断改进常规课堂教学授课方式，引导学生深入思考，培养学生科学思维，提升学生思维品质，助力成达学子实现素质与分数的双赢。

成达教育始终以"人"的培养为核心，根植百年沃土的"成德达才"教育理念是成达教育的灵魂，它得到了各分校的情感共鸣和深度认同，发挥着卓著的影响力。正是教育文化的深度认同，让优质的教育资源迅速转化为提升区域教育水平的强大动力，总校对各成员校进行科学赋能，构建起具有一体化、融合化、优质化和特色化特征的教育发展共同体。

第三节　成达教育规模化实践

随着首都基础教育改革的不断深化，首都师大附中积极承担社会责任，在教育资源相对薄弱区域开办分校、承办弱校，不断扩大优质教育资源的辐射范围。

首都师大附中教育集团大致可分为四个发展阶段：

第一阶段是起步阶段（2008—2010 年）：派出法人，资源共享。2008 年承办门头沟区永定分校，法定代表人由首都师大附中派出干部担任，开始集团化办学探索之路。目前该校已从一所农村薄弱学校发展为优质高中校，具备"自己造血"的功能，现已为独立法人学校，由门头沟区教委任命校长。

第二阶段是探索阶段（2010—2015 年）：同一法人，深度融合。2010 年承办首师大附中第一分校、2012 年承办大兴南校区、2013 年创办大兴北校区、2014 年承办首师大二附中和昌平学校，这些学校法定代表人均由总校校长担任。

第三阶段是深化阶段（2015—2019 年）：多种模式，优质发展。2015 年创办通州校区，其人财物与附中是部分一体化管理（校内一校两制）；2018 年创办北校区，其人财物与附中是完全一体化管理；2018 年还创办了位于房山区的实验学校，与附中仍是同一法定代表人；2019 年协办位于朝阳区的首都师范大学附属实验学校。

第四阶段是共生阶段（2019 年至今）：多向融合，特色创新。2020 年起，教育集团已经呈现从单中心向多中心发展的态势。带领学校发展较好的分校区执行校长兼任两所分校区执行校长，优秀教师在各成员校之间互相流动，集团化办学过程中积累的先进经验在成员校之间有效地传播，各个校区的特色也在逐渐生成并强化。目前，集团内新建校实现了名校+新校的高起点发展；承办校则实现强校+弱校的新起点重生。以名校办分校、强校带弱校、城区学校帮农村学校等不同模式呈现了附中的集团化办学新样态。

首都师大附中教育集团成员校涵盖小学、初中、高中各个学段，既有新建校也有老校，各校历史基础不同，发展程度不一，组织关系也呈现多样化。目前集团学生共有 15000 余人，在职教职员工近 1700 人。首都师大附中教育集团经历十余年的发展壮大，一路走来，最终获得了学生、家长满意和老师良性互动成长的双赢局面，也得到了上级领导的高度认可，成为北京市具有广泛影响力和良好社会口碑的优质教育集团。在教育集团不断发展壮大、深度融合的过程中，"成达教育"的育人理念也在首都各地生根发芽，开花结果，潜移默化地带动了不同地区教育教学水平的大幅提升，使得成达教育共同体的凝聚力持续增强，不断焕发新的生命力。

【北京市集团化办学典型研究
暨首都师范大学附属中学教育集团十周年研讨会】

科学赋能　优质发展

——首都师大附中教育集团办学十周年实践探索

自 2008 年起，首都师大附中开始探索集团化办学之路。十年来，在首都师范大学的高度重视、北京市教委的领导、所在区县的大力支持和协同推进，以及全体师生的共同努力下，首都师大附中教育集团各成员校都实现了跨越式发展，受益的学生群体正在不断扩大，得到了社会各界的肯定。下面我将从四个方面来进行汇报。

一、十年历程：集团化办学探索之路

（一）集团化办学实用高效优势明显

"努力让每个孩子都享有公平而有质量的教育"，是党的十九大发出的时代强音，也是全社会共同的期待。北京市在推进教育优质均衡的过程中采取了很多措施，探索了多种合作办学模式，如城乡学校手拉手项目、名校办分校项目、城乡学校一体化等项目，首都师大附中教育集团就是在这个过程中发展壮大起来的。

集团化办学是学校间关系发展变革的新的组织形态，是体制机制的创新，是基础教育者们智慧的结晶。从功能来看，集团化办学能够集中优质教育资源，同时能够有效实现资源的跨区域调配，将优质资源的功效发挥到最大；从效率来看，集团化办学能够带动薄弱学校实现快速的发展，将先进的办学理念进行高效的传递，在较短时间内能实现教育教

学质量的提高；从影响力来看，集团化办学促进了不同区域间的教育交流和文化交流，带动了区域基础教育的发展，也切实有效地缓解了人民群众"上好学"的需求。

2018 年 9 月，北京市教委发布了《关于推进中小学集团化办学的指导意见》，为集团化办学指明了前进与发展的方向，也是办人民满意教育的重要保障。

（二）附中集团化办学实践探索历程

首都师大附中教育集团的探索历程，大致可分为三个阶段：

第一阶段是派出法人、资源共享的起步阶段；

第二阶段是同一法人、深度融合的探索阶段；

第三阶段是多种模式、优质发展的深化阶段。

经过十年发展，首都师大附中教育集团以总校为核心，辐射门头沟区、海淀区、大兴区、昌平区、通州区、房山区的六区十校格局基本形成。集团成员校涵盖小学、初中、高中各个学段，有新建校也有老校，各校历史基础不同，发展程度不一，组织关系也呈现多样化。目前集团在校学生 1 万多人，在职教师 1 千多人，是北京市具有广泛影响力和良好社会口碑的优质教育集团。

（三）附中教育集团成员校发展迅速

永定分校被承办后发生了翻天覆地的变化，从一所农村薄弱校跻身于北京市优质中学行列。特级教师、市区级骨干教师人数提升，在市区级业务比赛中荣获一等奖的人数多达 100 余人。中、高考成绩连年攀升，高考本科率从最初的 30% 左右提升至近 100%，2018 年一本率比上一年的增幅达 52%，中考成绩近年始终位于门头沟区前列。

首都师大附中第一分校原为海淀区育强中学，是一所京籍孩子不愿意去的学校，被承办后教学水平持续提高，办学设施不断优化，两年内在其区域八校联考成绩跃升至第一。中考成绩也大幅提升，高分段学生增长明显。特级教师、骨干教师、北京市优秀教师、"紫禁杯"优秀班主任人数均取得了突破。

首都师大二附中自 2014 年被承办以来,取得了长足的进步。高中招生录取分数线由接手前的 481 分经两年增长了 53 分,目前已稳定在 530 分左右,被承办两年中考平均分提高了 51.1 分。2017 年承办后招收的首届毕业生中考平均分跨入海淀区公办学校前 10 名,文化课最高分名列海淀区第三名,优质高中上线率达 72%。2018 年高考一本率再创历史新高,从承办前的 50% 提高到 75%,高考文科一本上线率达到 82%,本科率达 100%。

大兴南校区地处北臧村,学校原有的办学基础十分薄弱,被承办后,学校结合区域特点,打造高效课堂、加强德育品牌建设,学生成绩逐年攀升。2018 年中考成绩与承办前相比有明显提高,全区排名提高了 11 个位次。2018 年期末检测,七八年级跃居全区第八。小学部的质量抽测也远远超过区平均水平。学校每年有 10 余名教师荣获市区级奖项,承担 20 多项科研课题。

大兴北校区经过五年的努力和拼搏,不断实现自身的超越。中考成绩 500 分以上人数占参加中考总人数的 48.3%,总平均分相对于入学测试前进了 10 个名次。在每年大兴区能力抽测中,近几年一、二年级学生均都取得全区第一和第二的好成绩。学校中小学教师在国家级课堂教学、论文评比等活动中累计获奖 50 余次,在市级评选活动中获奖 100 余项。

昌平学校成立四年来,取得的优异成绩受到了学生和家长的一致认可。学校首届初中毕业生 2017 年中考中成绩优秀率达 56%,2018 年优秀率达 69.1%,物理和历史学科优秀率 100%。首届高中毕业生 2018 年高考本科率达到 95%。学校被评为昌平区初中教学质量监控与评价优质学校、北京市中小学生综合素质评价基地校。

通州校区首届学生高考一本上线率达到 53.13%，本科率 100%，是当时通州区各高中校唯一达到且远高于教委要求的学校，文科的数学和英语单科平均分是全区第一。中考平均分 533.9，优秀率 94%，及格率100%，这三项指标均位居通州区最前列。

二、聚力共享：集中优势快速发展

见证了首都师大附中教育集团的飞速发展，很多人不禁会问，究竟是什么力量，带动着集团校的快速发展？又是什么让优质的教育资源迅速转化成为提升区域教育水平的强大动力？我们认为主要是六大举措带动了成员校的快速发展。

（一）文化深度认同，构建教育发展共同体

1. 成达教育历久弥新。首师大附中始建于 1914 年，是首批北京市重点中学、首批北京市示范性高中校，被教育部、人事部授予"全国教育系统先进集体"荣誉称号。首师大附中传承百年的"成德达才"育人理念如今仍然具有鲜明的时代特色，与国家近年来所倡导"立德树人"的人才培养指导思想高度契合。"成达教育"的本质就是将"人"的培养放在核心的位置，遵循教育规律和人才成长规律，培养品德优秀、才能通达的创新人才，让每个孩子实现全面而有个性发展、自主发展和可持续发展。在集团化办学的新征程中，根植百年沃土的"成达教育"再次焕发出时代的魅力。

2. 教育理念深度融合。教育集团始终坚持理念为先，文化融合，促进总校和各分校文化的深度认同、价值的有效共识形成教育集团共同体。教育集团十所成员校，目前除永定分校外，法定代表人均由总校校长担任，这种极为紧密的关系便于统一办学，同时增强了总校在集团建设中的责任感。集团统一选派优秀领导干部和骨干教师到各成员校工作，他们的率先垂范和"不用扬鞭自奋蹄"的敬业精神，以及民主和谐的工作文化氛围都迅速传递到了各个分校。每学期不定期组织分校的干部老师走进总校参观学习，共享附中文化、课程等资源，开放课堂、讲座，传递面向未来的教育教学综合改革。首都师大附中"正志笃行、成德达才"的育人理念和"守正、开放、创新"的发展理念深入人心，每位教师都把对"人"的培养作为教育的终极目标。

(二) 制度创新驱动，凝聚人心激发内驱力

1. 制定章程明确原则。为进一步加强成员校之间的交流与合作，优化资源配置，集团制定了《首都师范大学附属中学教育集团章程》，成立了集团管理委员会、集团管理中心，明确了首都师大附中教育集团坚持"资源共享、集中优势、保留特色、科学整合、协同创新、优质发展"六条基本原则，逐步实现各成员校在办学理念、课程体系、教研培训、管理模式等方面的深度融合，凸显集团化办学优势。

2. 激励机制有效延伸。教育集团将附中规范的学校管理、鼓励创新的激励奖励制度及完善的绩效考核制度在各个分校推行，破除了原有机制体制的束缚，充分调动了人员的积极性，带动学校步入了发展的快车道。当然，在破除壁垒的过程中肯定会遇到一定的阻力和困难，二附中、大兴南校区在推行新的薪酬及考核制度过程中都遇到了来自原有教职工方面的巨大阻力。在总校的统一安排部署，执行校长的扎实工作、稳步推进下，改革最终顺利完成，改革效果也得到了各分校教职工的一致认可。

另外，还制定了《教育集团成达杯优秀教师奖》评选奖励办法等规章，通过各类制度的保障，各成员校充分调动了干部教师的工作积极性，凝聚了人心，激活了教师队伍，激发了学校的内驱力。

(三) 专业科学赋能，提升学校核心发展力

附中教育集团在向外输出优质资源和师资的同时，更加注重提升分校自身的"造血"机能，因此集团尤为重视分校的队伍建设。

1. 组织建设强化责任。在集团化办学的十年间，附中一直把加强

干部教师思想政治建设放在首位，牢牢把握立德树人这一根本任务，全面推进党建工作，强化理论武装，打牢思想基础。根据上级党委的要求，附中党委为推进党风廉政责任制、强化领导班子主体责任，与各校党总支、支部书记签订了党风廉政建设责任书，与分校执行校长签订了协议书。

2. 干部培训点面结合。教育集团通过全员培训和重点培养等方式加强分校干部队伍建设。全员培训面向集团所有中层以上干部，线上、线下培训相结合；重点培养是根据分校发展需求，提供干部跟岗实习机会，或者选派本部中层干部到分校传帮带。干部队伍管理水平的提升，为各成员校发展的奠定了坚实的基础。

3. 交流学习智慧碰撞。教育集团不仅加强分校管理干部的交流学习，还定期组织"校长论坛""德育论坛""教学论坛"等，结合集团发展过程的重点、热点、难点问题，交流研讨，智慧碰撞，共同提高。

4. 名师引领专业发展。为了加强分校的教师队伍建设，教育集团在为分校培养骨干教师的同时，为他们提供到本部学习交流的机会。部分新建分校教师队伍组建由教育集团统一安排。在条件允许的情况下，新招聘的分校教师都安排"一对一"的名师"师徒结对"指导，或在本部任教一段时间后再派往分校执行教学任务。

教育集团充分发挥分校自有教师的主导作用，帮助分校打造具有核心竞争力的教师队伍。区域内位置较近的分校，集团定期组织联合教研，共同备课，整合骨干力量，切实提升教学科研水平，为教师搭建了学习和交流的平台。在联合教研的基础上，期中、期末组织统一命题、统一阅卷，这样既可以检验教学研究的效果，也可实现数据共享、精准指导，对学生的学业发展水平的评定更为准确和客观。

5. 专家指导深入教研。教育集团还组织由校级领导组成的"学校发展指导团"，通过深入细致的调研，定期对集团成员学校进行综合或专项诊断式的评估指导，帮助其完善发展策略，培植发展特色。由名师专家组成的"学科发展指导团"，根据分校需要选派学科专家通过下校听评课、集体备课、专家示范课、学科教研活动指导、专家讲座等多种方式，针对教师的需求，解决实际问题，帮助分校教师迅速提高教研水平。

（四）资源协同创生，挖掘集团学校生长点

1. 课程建设融合创新。课程是学校教学活动的载体，课程资源也是集团输出资源的重要部分。附中递进式的"四修"课程体系包含夯实学科基础的基础通修课程、激发潜能志趣的兴趣选修课程、促进个性发展的专业精修课程和形成自主能力的自主研修课程，既满足学生对于学业水平的需求，也为学生的个性化发展提供了足够的空间。

在教育集团承办之前，大部分区县没有学校开展能够应对新中考新高考的教育改革，而且各分校几乎都没有建立自己的课程体系。在承办之后，总校不仅将不用增加教室，也不用增加老师，就可以实现分类分层走班的综合改革带到了各区县，而且将"四修"课程体系在分校进行了推广和延伸，经过各自的消化吸收，结合区位的特色与优势，形成了具有自身特色的课程体系。如永定分校形成了五个维度的幸福课程体系；大兴南校区形成了"原色+"课程体系；第一分校在吸收、融合的基础上，形成了"三四五"课程体系；首师大二附中则将课程体系进行了重组，构建了"弘美"课程体系。

2. 品牌课程特色推广。附中的一些品牌课程，也通过教育集团得到了迅速的推广，如开设 17 年的博识课，让无数学子在走出校园，走进博物馆、科技馆、名人故居的同时，提升了"博闻广见，卓有通识"的能力。依托本部的实践资源，教育集团各校也纷纷将博识课等实践课程纳入自身课程体系中。如大兴北校区首次将博识课延伸至小学，二附中尝试了博识"双师授课"。附中的高中社会实践课程，也带动了通州校区、二附中等教育集团成员校的积极参与，带领学生深入科研院所，真实参与科研活动，多方面促进了学生综合素质的提升，通过空间的变化、学习环境的开放，引领学生学习方式的变革。基于学情分析和区域实际，各分校的实践课程各具特色，深受学生和家长的喜爱。

3. 高端课程集中共享。对于一些分校开设难度较大的课程，附中本部的资源毫无保留地提供给分校，让集团内的学生能够有机会享受到高端的课程和专业化的培养。附中本部的高端实验室、专业设备在合理安排的前提下，也面向分校学生开放。总校的很多老师们也主动承担起培养学生和指导分校老师的双重任务。

（五）学生统筹培养，助力成德达才结硕果

1. 跨校留学助力成长。教育的核心是促进人的发展，真正的教育应该能够满足每一个学生个性发展的需求，为每一个学生的终身发展奠基。首都师大附中始终以培养品德优秀、才能通达的创新人才为目标，实现全员、全过程、全方位育人。

为了让分校学生感受到原汁原味的名校教育理念，教育集团开通了本部初高中联合培养"留学"直通车，让分校学生有机会共享优质教育资源，强化特色培养。近年来，各分校数百名学生从本部学习、跨校选课中获益，取得了优异的成绩；教育集团统筹安排分校学有余力的学生与本部学生共同学习专业精修课程，接受本部学科竞赛金牌教练的指导，帮助分校在竞赛及自主招生指导方面实现成绩的迅速提升。

2. 活动育人有效传播。首都师大附中率先在中学开展创客教育，并于2016年建成了青牛创客空间，本部的创客场所、师资、课程、活动对集团开放共享，为激发和提升学生的创造力搭建了广阔的平台。在集团的引领下，各分校的创客教育、科技人才培养也迈上了一个新的台阶。

首都师大附中的传统德育课程和文化活动，也在各个分校实现了本土化。附中坚持开展了30年的"一二·九"运动远足活动也作为新生的必修课在多个分校开展,书香校园的建设也让集团校的孩子都享受到了轻松阅读的乐趣;合唱节、"振兴杯"等深受学生喜爱的传统校园活动也在各个分校得到传播。

(六) 鼓励特色发展,形成多元优质新格局

1. 因校制宜培植特色。集团化办学不是本部的简单复制,更不是本部资源的单向输出,根本目的是结合各成员校所在区域特点,根据自身的校情、学情制定具体的发展目标,精准指导,重点帮扶,鼓励特色发展,不断提高各分校的核心竞争力,真正实现可持续发展。

2. 内生动力多元发展。集团化办学最主要的是激发学校的办学活力,促进学校主动发展。永定分校依托地域特点,打造文化艺术教育与地质科学教育的特色品牌;首师大二附中在梳理办学历史,形成了广泛认同的"弘美教育"文化体系;一分校以科研活动为抓手,提升教师业务水平,整合科研资源,带动学校迅速发展;大兴北校区以跨学段课程为切入点,形成"一体化九年贯通发展"的路线;通州校区结合副中心发展规划,与北京市教育改革进程紧密结合,努力将正在建设的新校区打造成面向未来的现代化学校;北校区尝试全新的一体化办学新模式,与本部保持高度一致,实现了更高效的资源共享。

三、实践成效:促进区域优质均衡发展

开办分校,承办薄弱校,初衷就是实现教育的公平优质。教育集团成功与否,就在于是否真正增加了优质教育资源的供给,是否围绕立德树人的根本任务助力孩子成长成才,是否用最合理的投入做到产出最大化,是否能真正催生成员校的内生动力?

(一) 薄弱变优质,区域教育发展水平快速提高

回顾首师大附中教育集团十年发展之路,集团中诸多薄弱学校一跃成为极具实力的优质学校,更成了群众入学选择的新热门学校。所有成

员校教育教学质量不断攀升，许多优秀学子在优质教育的滋养下脱颖而出。教师的专业化水平显著提升，一批优秀的教师得到了快速的成长。十年来，教育集团不忘初心，守正创新，不功利，不浮躁，关注师生的实际获得，走出了自身特色发展之路，也带动了教育薄弱区域的发展，同时有效化解了部分人民群众"择校之痛"的问题。

（二）理念再辐射，成达教育思想获得广泛传播

附中的教育理念传承百年，但在很长一段时间，我们都处于自我完善，追求自身卓越的过程，而教育集团的发展与壮大，让"有教无类、因材施教、人尽其才"的成达教育内涵有了更广泛的共识，成德达才的育人理念不仅在各分校开花结果，而且得到了所在区县教育主管部门、兄弟学校的广泛关注与普遍认可。

（三）经验可借鉴，让"优质均衡"可持续发展

百年学府办负责任的教育的生动实践，为未来的教育优质均衡发展之路探索出了一种较为可行的操作模式，也为集团化办学的成功实践提供了重要参考。各个学校虽然背景和发展之路不同，但都找到了自身的特色，取得了长足的进步。同时，首师大附中总校在这个过程中办学质量并没有受到影响，还有着不同的收获：我们学校的管理能力、资源管理和调配能力迅速提升，管理人员的思维被激活，教师的视野更加开阔，人才队伍也得到了充分的锻炼，集团化办学也真正实现了"优质均衡"的可持续发展。

四、发展思考：深入探索行稳致远

经历多年的实践探索，在推进集团化办学的过程中，当然还有一些问题值得我们深入思考：

一是部分资源的流动性仍然受限，一些资源受到区域和距离的限制，无法实现全面共享；二是集团成员校的差异化管理仍不成熟，对于成员校的精准施策、精细化指导需要进一步加强；三是各分校之间的交

流和资源整合力度不足，多向融合作用没有充分发挥；四是集团的退出机制尚未建立，成员校在进入稳定期后的发展走向仍需探讨。这些问题都需要我们脚踏实地去研究，勇于创新，深入探索，来推动集团化办学的科学发展。在集团化办学过程中也遇到过一些困难和棘手的事情，但今天这个场合我不多谈。

十年磨砺促均衡，优质发展谱华章。相信有着市、区教育部门的引领，有着我们不懈的努力，有着社会各界人士的大力支持，我们的集团化办学之路一定会行稳致远，成果会更加丰硕，首都基础教育的未来也会更加值得期待。最后对附中教育集团给予大力支持的领导和同仁表示衷心的感谢，向为附中教育集团发展做出过贡献的所有人致敬！

北京市集团化办学典型研究暨
首都师范大学附属中学教育集团十周年研讨会

——教育集团各成员校校长访谈

首都师大附中永定分校校长　徐骏：

十年间，永定分校从农村薄弱校成长为北京优质校，其秘诀在于：整合集团资源，结合自身特点，通过科学赋能实现创新发展。从教师层面来讲，教育集团整合本部的优秀师资，与永定分校共同打造了联合培养工作站，教师实现快速成长，在国家、市区级比赛中屡屡获奖，打破了远郊区县全国获奖的历史。从学生层面来讲，本部开通了学生联合培养直通车，永定分校的学生可以"留学"本部，这给予了学生很大的激励，为永定分校带来了前所未有的生气。近年来，学校的教育教学成绩显著提升，从原先薄弱时期全区倒数第三名的初中校，成长为全区第二名的优质初中校。在教育集团的引领和帮助下，师生有长足发展，学校也成为周围老百姓满意的优质校。

首都师大附中一分校执行校长　梁宇学：

在集团化办公过程中，首都师大附中教育集团站在党建的高度，狠抓成员校的干部队伍建设。第一，突出"训"字，集团多次为成员校干部们开展多个层面培训，例如首都师范大学党委书记郑萼曾专门为成员校干部们进行培训。第二，突出"带"字，本部干部与一分校干部进行座谈交流，深入指导学校管理的改进策略。同时，一分校干部也走进本部参观学习，沈杰校长曾亲自讲述首都师大附中的光荣校史和"成德达才"的育人理念。第三，突出"评"字，一分校的干部考核评价工作与本部使用同一体系，让一分校的干部队伍在管理育人有所收获。首都师大附中教育集团坚持社会主义办学方向，始终将理想信念教育、干部知识结构的改善和干部能力素质的提升贯穿于干部队伍建设中。因为干部队伍的卓越发展，一分校也在教育改革创新中快速走上优质发展的道路。

首都师大附中大兴南校区执行校长　张英：

自 2012 年建成以来，大兴南校区始终秉持着首都师大附中"正志笃行，成德达才"的育人理念，传承着"自觉、勤奋、求实、创新"的校训。同时，大兴南校区也在发展过程中不断探索、深化适合大兴本地区的管理和运行模式，让附中这所百年名校的理念在大兴能够落地生花，让农村的孩子也能够享受到优质教育。这一梦想是教育集团、是沈杰校长、是大兴南校区历任执行校长和全体师生的共同理想。

首都师大附中和教育集团先进的理念和管理方式春风化雨般浸润着大兴南校区，从中我们感受到教育集团的感召力、影响力和包容性。正是因为集团的大气，大兴南校区才能不断地推进适合本地区的发展模式。因此，学校逐步确立了以"让每个生命都出彩"为办学方向的"原色教育"办学思想。"原色"就是本色，既是本色做人，也是本色做教育，本色坚守住，特色才能够发展，生命才能出彩。这一办学思想和本部"正志笃行，成德达才"的育人理念一脉相承，遥相呼应。学校基于"原色教育"办学思想，构建了学校的"原色+"课程，也是在本部"四修课程"引领下的延伸："红色"代表国家课程，基础课程；"绿色"是最有生命力的课程，也是学校应对新课程改革下师本原创、生本实施的系列课程，提高了学生的综合素养；"蓝色"课程是为每一名学生量身定制的课程，满足学生兴趣发展的需要。过程中，学生因为课程而成长，教师因课程而精彩，学校因课程而发展。

新时代对学校、对教育提出了更高的期待，大兴南校区确信在教育集团的感召下，在本部的引领下，在大兴区委区政府以及大兴教委的指导下，一定会继续本色做教育，能够乘势而上、借势而为，让教育集团的光华在大兴能够熠熠生辉。

首都师大附中大兴北校区执行校长　王金：

担任大兴北校区执行校长以来，我深刻地感受到首都师大附中教育集团的影响力越来越大。沈杰校长经常与我们说的就是"教育不狭隘"，集团化办学过程中也是这么做的。例如，大兴北校区博识课从开发到设计，再到具体实施，本部给予了全力的支持，并积极帮助学校整合所处地区的资源。通过博识课，学校学生能够开拓眼界、增长见闻，感受到家乡之美，深受学生和家长的喜爱。在刚刚结束的大兴区小学四年级的语文抽测中，大兴北校区取得了全区第二名的好成绩。另外，我还有一个很深刻的体会，作为集团成员校和地方教委较好的融合，也是办好学校的关键点。沈杰校长第一次与我谈话时强调，"教育集团到大兴办学就是服务，服务于大兴的学生、家长、教委，服务于大兴教育"。由于明确的办学定位，学校很快赢得了大兴区教委的支持和高度的认可。

目前，首都师大附中教育集团包含北京六区十校，遍地开花。集团化办学的成功关键在于两点，第一是大爱无私的精神，第二是准确的定位和服务的意识，成为真正的具有生命力的教育。很荣幸，我能够站在这个推进生命力教育的大舞台上，在接纳与融合中推动成员校的成长壮大、快速发展。

首都师大二附中执行校长   阮翠莲：

首师大二附中是教育集团中距离本部最近的成员校，因此二附中的学生受到了本部最多的优质资源辐射。承办以来，二附中先后有100余名学生到本部"留学"。在课程资源共享方面，学校学生在二附中上完正课之后可以到本部享受精品选修课和专业精修课。二附中先后有30余名学生在本部参加竞赛辅导，有8名学生获得了国家级的竞赛成绩，例如化学竞赛的一等奖、二等奖，生物竞赛的二等奖等。正是因为本部和集团的大力支持和帮助，二附中实现快速发展，成为海淀的新热点学校。另外，不仅仅是本部对成员校有辐射作用，集团成员校之间也是亲如家人，例如永定分校的高中生也到二附中"留学"，加深了学校、师生之间的交流。二附中的发展感谢教育集团的帮助和兄弟学校的支持，相信二附中的未来会更美好。

首都师大附中昌平学校执行校长   尤春筠：

昌平学校快速发展的原因是多种多样的，其中重要的一点是集团先进理念的引领。2014年，时值首都师大附中百年校庆之际，昌平学校正式建成并投入使用。秉承附中"成德达才"育人理念，昌平学校致力于把学生培养成为一种精神、一种品格、三种能力的德才兼备的创新人才。在教育集团学校发展专家督导团和学科发展专家指导团的大力支持和帮助下，昌平学校制定了符合校情的发展规划，确立了学校文化为引领、课程建设为核心、实践活动为载体的育人模式。

昌平学校的干部与教职员工有 200 余人次走进本部参加培训和交流研讨活动，不断深刻地领悟育人理念。昌平学校也结合区情、校情，每学年组织近百学时的校本培训，依托 SCF 论坛、名师工作坊等多种交流展示的平台，不断地促进教职员工理念的提升、观念的转化，激励大家立足本职岗位，积极践行"成德达才"的育人理念，教书育人、活动育人、服务育人。现在育人理念已经深入人心，学校一位有着十余年教龄的老师曾说，"过去做工作只是想着怎样尽快完成任务，现在做任何一项工作的时候一定会认真思考怎样做能够把工作做得更好，怎样做才是对学生的发展最有利的"。

"根之茂者其实遂，膏之沃者其光晔"，昌平学校的全体教职员工将首都师大附中的育人理念内化于心，外化于行，带来了学校的蓬勃发展，相信昌平学校一定会成为唤醒和成就每一个孩子的摇篮，为中国特色社会主义事业培养出更多更优秀的建设者和接班人。

首都师大附中通州校区执行校长　丁伯华：

教师队伍的思想状态和业务水平是一个学校的灵魂。通州校区是成立于 2015 年的一所全新的学校，教师队伍主要以新毕业的研究生、博士生组成。这是一支年轻有活力的队伍，但同时也相对缺乏教育教学的经验。因此，在教育集团的帮助下，通州校区制定了"请进来，走出去"相结合的策略，一方面借助于本部的资源，通州校区青年老师们经常到本部听课，向优秀教师学习，参加学科教研活动；另一方面，在沈杰校长亲自关心和帮助下，本部为通州校区专门设立了学科发展专家指导团，定期到通州校区听课，帮助青年教师学习成长。通州校区得益于此，2018 年首次参加高考就取得了文科总分全区第一、理科总分全区第二，本科率100%的成绩；首次参加中考，总分和优秀率均位居全区第一；今年中招的录取分稳居在550分以上。

首都师大附中北校区执行校长　刘明：

北校区成立于首都师大附中教育集团十周年这样一个喜庆的时刻，是一所高起点的学校。沈杰校长对北校区也给予厚望，希望学校能够在集团化办学的深化阶段有更新的突破。北校区在如下三个方面有一些新的设想：

首先是办学模式上，在北京市教委、首都师范大学的高度重视，在海淀区委区政府和海淀教委的大力支持下，北校区破除了一些体制机制的壁垒，采取一种全新的办学模式——除了办学地点和本部不同，教师编制与评聘、学生的招生与学籍等其他方面与本部完全一致。北校区借助了技术手段，通过现代化的信息技术缩小空间上的距离，真正实现资源上的最大共享，确保原汁原味的成达教育在海淀北部能够推广扩大。第二是理念的传承，北校区地处海淀德馨路，德馨路含有"明德惟馨"之意，与传承百年的"成德达才"的育人理念高度契合。为了让成达教育在德馨路上落地生根，北校区细化了成达教育"德"的内容，重点通过一系列德育课程和课堂教学，培养学生"恭宽信敏惠"五个方面的品德。第三是在学校建筑和文化设计的创新。为了让校园环境充分发挥育人功能，学校在校园建筑和校园文化建设上融入山水因素，取"仁者乐山，智者乐水"之意。山水因素的注入是人和智，和"成德达才"的德和才又是一种高度契合。

首都师大附中实验学校执行校长　阮守华：

实验学校是房山区教委和首都师大附中联合创办的一所涵盖小学、初中、高中和高中国际部的一所公办学校，今年刚刚开班办学。学校地处房山区长阳镇，地理位置优越，周围环境优美，是教育集团第十个成员校。

实验学校将传承首都师大附中百年的优秀传统文化，践行"成德达才"的教育理念，全面对接本部的优质教育资源，积极构建与学生内在发展需求相一致的，能够促进学生全面而有个性发展的课程体系。在教师培养方面，学校成立了青年教师的内学班，老师们根据自身的专业发展需求制定了3—5年的职业发展规划，针对自己在教育实践当中存在的问题开展课题研究，参与教育实验。学校希望通过3—5年的打造，把教师队伍打造成一支研究型的教师队伍。在学生的培养方面，实验学校遵循沈杰校长提出的"把人的培养作为终极目标"，把学生的成长和发展放在首位。目前实验学校的最高年级是小学三年级，有463名学生。学校一方面加强孩子们的日常行为规范教育，通过养成教育让孩子们立规成型，另一方面学校开设了30余门选修课和社团，让我们的孩子能够选择他们自己的课程活动，以此来发展他们的个性特长，促进身心健康，提升思维品质，培养孩子创新实践。特别是在北京市深挖教育改革的今天，实验学校在房山区教委、教工委，在教育集团的领导下，将不断开展多样化的教育教学实验，突出实验学校的实验特色，努力培养成德达才的优秀少年，办人民满意的教育。

第四节　集团规章

成达教育规模化实践的能力从何而来？以海淀本部为核心，辐射门头沟区、海淀区、大兴区、昌平区、通州区、房山区、朝阳区北京市七个区县的大协作何以实现？基于"正志笃行、成德达才"的教育理念和价值导向，首都师大附中教育集团以本部的统一引领和核心作用的发挥，让优质教育资源的跨区域调配成为可能。教育集团通过制度建设形成强大动员力，让教育高质量发展成为集团校的共同事业。

首都师大附中教育集团自成立以来，便设立了"各美其美，美美与共"的集团愿景和"做优学校，做强集团"的集团目标，坚持"资源共享、集中优势、科学整合、保留特色、协同创新、优质发展"六条基本原则。在实施策略上，教育集团采取植入、融合、创生和可持续发展的四部曲。分校不能分散，也不是克隆，更不是复制。集团化发展的实施实际上是一个从"输血"到"造血"的再生过程，目的是实现分校的协同创生发展。从实施方式上看，教育集团坚持六个"统一"，即统一管理、统一教研、统一培养、统一培训、统一课程和统一评价。在集团总体发展战略的指导下，教育集团凝聚力量、共享资源、协同共生，步入高速发展的快车道。

一、矩阵式管理模式

矩阵式管理模式以灵活、有效为目标，构建横纵双向的快速反应机制和资源共享系统。首都师大附中首先进行了矩阵式管理模式的构建和初步探索实践。在原有的学校行政管理层级基础上，为进一步推动学校教育高质量、内涵式发展，学校成立成达教育发展研究院。研究院旨在深化教育改革，深入开展成达教育相关研究工作，鼓励教师发挥专业特长，提升教师科研创新能力。成达教育发展研究院是首都师范大学附属中学下设学术研究机构，目前下设六个研究中心：一是学校发展改革中心，主要研究方向为学校总体发展目标、改革总体规划、学校改革创新方案、宏观管理政策制定、学校中长期发展规划等；二是教育教学研究中心，主要研究方向为优化教育教学过程、优化人才培养体系、提升教育教学质量的具体举措、班主任管理等；三是教师发展中心，主要研究方向为教师校本研修、教师职业发展、教师专业化发展等；四是学生发展指导中心，主要研究方向为学生身心发展规律、学生学法指导、学业发展指导、生涯规划、家校社共育等；五是课程建设中心，主要研究方向为学校课程建设规划、校本课程开发、课程体系建设、跨学科融合等；六是数据研究中心，主要研究方向为教学质量评测、学生综合评价、学校数据资源整合等。成达教育研究院为开放式，可以根据时代要求和学校发展需要不断整合和调整，校长担任研究院院长，副校级领导担任副院长，各研究中心分设主任一名，成员若干。成达教育研究院为独立运行机构，与现有各管理部门相互沟通配合，横纵双向治理，共同组成首都师大附中矩阵式管理模式（表2）。

表2　首都师大附中教育集团的矩阵式管理模式

项目 部门 成员	管理 督导团	教学 指导团	学法 指导团	发展改 革中心	教师发 展中心	教育教学 研究中心	课程建 设中心
首都师 大附中	行政 部门	教学 部门	教育 部门	行政、 教代会	教学教 育专家	优秀博 士教师、 班主任	优秀教 师教师
首师大 附中永定 分校	学校	学科组 备课组	年级组 班主任	管理 部门	教师 培训	教科 研室	学科组
……	……	……	……				

首都师大附中积极发挥制度优势，打牢管理根基，在教育集团的管理中也采取矩阵式管理模式，逐步构建起集团高效管理的新格局。在教育集团中，横向层级为集团各成员校及各业务部门，纵向条线则偏重内部具体事务的运作和管理，包含学校管理、教学与学法、发展改革、教师发展、教育教学研究、课程建设、智慧校园建设等，打造专业化程度高的领域竞争优势。矩阵式管理有助于集团内部信息资源的高效共享和协调，显示出集团化办学的凝聚优势。

二、教育集团制度体系

为提升集团凝聚力，首都师大附中教育集团努力构建系统完备、科学规范、运行高效的制度体系，先后制定多项制度，涵盖集团学校发展、教育教学、行政管理等方方面面。同时，集团持续优化、再造工作流程，促进各项制度的有效衔接和整合，在推进制度效应叠加方面进行了积极探索和实践。通过制定《首都师范大学附属中学教育集团章程》，成立了集团管理委员会、集团管理中心，通过纵横交错全覆盖的矩阵式管理逐步实现各成员校在办学理念、课程体系、教研培训、管理模式等方面的深度融合，凸显集团化办学优势。

首都师范大学附属中学教育集团章程

第一章 总 则

第一条 集团名称：首都师范大学附属中学教育集团（以下简称集团）。

第二条 集团性质：集团以促进区域教育优质均衡发展为目的，在北京市教委和首都师范大学的领导下，按照平等协商的原则，自愿结成教育集团。

第三条 指导思想：以邓小平理论、"三个代表"重要思想、科学发展观、习近平新时代中国特色社会主义思想等先进理论为指导，全面贯彻党的教育方针，推进素质教育，认真落实"立德树人"的根本任务，以国家、北京市《中长期教育改革和发展规划纲要》为指导，遵循学生成长和教育规律，尊重各校文化和发展道路，创新驱动，提升内涵，提高质量，共同推进集团成员学校学生、教师和学校的健康、和谐、可持续发展。

第四条　集团宗旨：充分发挥首都师范大学附属中学的示范辐射作用，扩大优质教育资源，合力推进基础教育办学体制改革、育人模式创新和办学特色形成，实现"资源共享、集中优势、科学整合、保留特色、协同创新、优质发展"六条基本原则。加强校际交流与合作，促进资源的集成与共享，优化资源配置，最大限度地发挥集团资源的综合效应，努力组建集教师队伍建设、课程开发、教学科研、文化建设、信息共享、技术服务、衔接教育和升学指导于一体的高质量的基础教育联盟，促进核心学校又好又快发展，整体提升区域教育品质，满足社会需要和人民群众需求。

第五条　集团任务：改变薄弱学校的面貌，使薄弱学校以质量和特色成为当地人民群众信得过的优质学校；把集团打造成区域教科研平台、课堂教学示范基地、教师专业发展高地、文化特色核心区。对内，使集团核心学校形成优质均衡发展的格局；对外，成为辐射先进理念和成功经验的教育联盟。

第六条　集团一切活动必须遵守国家的法律法规及相关政策规定，遵守社会公德。

第二章　职能范围

第七条　集团的职能范围

集团成员学校遵循"资源共享、集中优势、科学整合、保留特色、协同创新、优质发展"六条基本原则，通过专题合作研究的形式推进成员学校的内涵建设，提高办学质量和水平。举行"校长论坛"及组建"集团发展督导团"促进了成员校完善发展策略，建立"学科发展指导团"推动教研组建设和青年教师成长，成立"初中教学联合会"

和"高中教育联合体"助推集团成员校教育教学的整体改革创新。集团化的运作不断创新内部运行的体制机制，增强集团内部活力。

（一）队伍建设。通过专家引领、干部挂职、名师带教、教师走校、组室合作的方式加强管理队伍和教师队伍建设。

（二）课程建设。通过专题调研、专家诊断、资源共享等方式，推进"课改"校本化实施和校本课程开发。

（三）课堂教学。各校每学期开展的大型的课堂教学评教、展示、竞赛等活动，首先要向集团核心学校开放，结对学校必须参加，其他学校可以有选择地参加。

（四）德育工作。加强班主任队伍建设、德育课程建设、班集体建设等方面的交流与研讨。

（五）现代信息技术应用。大力推进现代信息技术在学校管理、课程建设、课堂教学、教育教学评价、家校互动等方面的应用。

（六）心理健康教育。整合集团核心学校的优质资源，开展教师、学生和学生家长的心理培训、咨询和指导。

（七）学校文化建设。校园文化活动向集团核心学校开放，主动邀请集团核心学校领导和师生参加，并虚心听取意见和建议。

（八）管理制度创新。集团核心学校相互借鉴富有创意、具有实效的管理体制和规章制度。

（九）衔接教育。重视小学与初中、初中与高中的衔接教育。

（十）升学指导与服务。加强中招志愿填报指导。

第三章　组织结构与职责

第八条　组织结构

（一）集团以首都师大附中为核心学校，负责具体组织协调工作。

（二）集团由管理中心统一领导。管理中心理解并尊重各学校之间现有体制、发展现状和社会责任等方面的差异，按照相互尊重、相互谅解、积极协商的原则处理日常工作事宜。

（三）管理中心下设办公室，负责协调集团的日常工作。

（四）集团成立学校发展督导团和学科发展指导团，每学年对集团成员校的改革与发展进行一次全面或专项调研指导。

第九条 集团管理中心职责

（一）讨论通过或修改集团章程。

（二）审议年度工作总结、计划。

（三）讨论、通过并实施集团各项管理制度。

（四）评估集团上一学年的合作项目，提出新一学年的合作项目。

（五）审议集团经费使用情况。

第十条 集团管理中心办公室职责

（一）检查督促集团年度工作方案的落实。

（二）负责集团的宣传和文档整理等工作。

（三）收集、传递集团工作信息。

（四）筹备组织集团会议，负责起草会议文件，撰写工作报告。

（五）负责集团的日常联络工作。

第四章 权利与义务

第十一条 集团管理中心的权利和义务

（一）权利

1. 有参与集团重大决策的权利。

2. 对集团发展有建议权。

3. 对集团工作有监督权、审议权。

（二）义务

1. 承认并遵守本章程，参加集团会议和集团组织的各项活动。

2. 落实大会决议，按照会议决定的工作计划，做好相应工作。

3. 及时向办公室通报工作。

4. 促进集团成员学校间的交流、沟通、团结和协作。

5. 自觉维护集体荣誉，保护集团名称的使用权。

第十二条　集团成员学校的权利和义务

（一）权利

1. 与集团总校实行管理人员挂职锻炼、教师柔性流动。

2. 组织参加总校的科技、体育、艺术和校园文化节日等活动。

3. 组织团队到集团总校参观、考察、调研、座谈或报告等。

4. 优先向集团总校推荐优秀毕业生。

5. 享受集团总校有价值的图书、档案等信息资料。

6. 享受集团总校的设施、设备、课程、教学、科研等优质资源。

（二）义务

1. 提升学校内涵发展水平，凸显学校办学特色，为集团总校提供备案材料。

2. 在集团管理中心的统一协调下，与集团总校进行项目合作，作为资源输出方，帮扶受助学校实现共同发展。

3. 自觉接受集团学校发展督导团和学科发展指导团的评估和指导。

4. 为集团学校提供参观、考察、调研、交流、学习等便利。

首都师大附中教育集团建立健全监督体系，加强顶层设计，强化匹配协调，确保运行高效。教育集团始终坚持理念为先，文化融合，不断在总校和分校的文化认同、价值共识方面推动教育集团共同体建设。教育集团共有十一所成员校，目前除永定分校、位于朝阳的实验学校外，法定代表人均由总校校长担任，这种极为紧密的关系在统一办学思想、增强总校责任感方面发挥了重要作用。集团统一选派的优秀领导干部和骨干教师到各成员校工作，这不仅弘扬了率先垂范和"不用扬鞭自奋蹄"的敬业精神，也将民主和谐的工作文化氛围进行了迅速传播。教育集团每学期不定期组织分校的干部、老师走进总校参观学习，共享附中文化、课程等资源，传递面向未来的教育教学综合改革。

首都师大附中教育集团的制度和管理成就了成达教育的规模化实践，发挥了重要力量，同样集团的高速发展也彰显了集团的制度优势。集团坚持边实践、边总结、边提升的方式，推动制度建设常优常新，始终符合时代要求和工作步伐，这是集团高质量快速发展背后的制度密码。

第五节　学校制度与文化建设

首都师大附中教育集团积极在各所分校推行规范的学校管理、鼓励创新的激励奖励制度以及完善的绩效考核制度，不断破除原有机制体制的束缚，带动学校步入发展快车道。破除壁垒的过程难免阻力重重，通过总校的统一安排部署，执行校长的扎实工作、稳步推进，改革最终顺利完成，改革效果得到了各分校教职工的一致认可。

此外，通过制定《教育集团成达杯优秀教师奖》评选奖励办法以及各类保障制度的建设，分校教职工的工作积极性和协作精神被调动起来，学校的内驱力也被充分激活。

任一制度都应重视其时代性和地域性，因为制度的产生和实践都是适应其所处的时间、地区。因此，制度文化不能推之四海而皆准，要正视不同时、地的特殊性，即便是制度移植，也必然要先与其当时当地的传统进行一番融合，才能真正地在当时、当地产生积极作用。不匹配的制度，自然无法落地生根。现实的成功是最好的理论，要通过制度、手段实现协同发展、质效双提，最终仍是要落实在制度执行上，形成具有内生力量的制度与学校文化。

在本部和集团的帮助和扶持下，首都师大附中永定分校以提高教育教学质量为中心，以促进学生全面发展和引领教师专业进步为着力点，全面推行学校制度改革，取得了令人瞩目的成就，真正成为百姓心中的"优质校"。办学理念是学校办学之灵魂，永定分校以"成德达才"为办学理念，把对"人"的培养作为教育的终极目标，培育厚德博学的创新人才。在先进理念的引导下，学校办学方向逐步清晰，更加人性化，从以往对成绩的片面追求，到关注学生核心素养的提升，逐步确立了"为每一位学生的终身幸福奠基"的办学理念，并以此为指导，全力推行"六位一体"的幸福教育，着力培养具有"人文素养，自主意识，创新精神，幸福品格"的卓越公民。目前，学校已经形成了以"公平、民主、人本、和谐、自主、合作、求实、创新"为主要内容的幸福文化，并包括积极的精神文化、和谐的物质文化和自主的社团文化。在这种理念下，教师乐教、学生乐学，从而使他们形成正确的幸福观和自主追求幸福的能力，建立体验幸福、理解幸福、分享幸福、创造幸福的幸福品质，为终身幸福的实现奠定坚实基础。

自 2010 年首都师大附中承办伊始，首都师大附中一分校就在集团的带领下，以本部的制度汇编为蓝本，依据学校的实际情况制定了《首都师范大学附属中学一分校制度汇编》。2017 年，学校又对相关制度进行最新修订，形成了适应教育改革发展要求的配套管理制度，包含师德师风具体要求、教学科研管理制度、德育管理制度、校园安全制度、人事制度和国际交流制度等诸多方面。在制度建设的同时，学校还不断探索与新时代相适应的各项工作机制，通过实践，形成了干部群体阶段性述职的工作机制，有效地起到了凝心聚力、促进学校发展的作用。行政干部扩大会成员由四部分人群组成：一是行政干部团队；二是部门主管团队；三是学科主任团队；四是年级主任团队。每一个团队在一个学期结束后均要开展述职工作。述职评价工作分别由其他团队人员打分形成，本团队人员不参与打分。述职评价内容由计划及其达成情况、人员及事物常规管理、创新及亮点工作、存在问题及改进措施四部分构成，在他评的基础上，既可以实现不同工作性质的团队之间的互相借鉴与理解，又实现了述职者对自身管理工作的闭环评估。与"成德达才"育人理念一脉相承，学校根据办学实际确立起"追求卓越，做更好的自己"的办学愿景和"修品行、求真知、健身心、尚艺美、会合作"的育人目标，具体实施打造学校建设的"五优"工程，即教师队伍"优"、学生培养"优"、课程建设"优"、校园环境"优"、教育质量"优"，着重培养学生的"五个良好"。

首都师大附中大兴南校区传承首都师大附中本部质朴而隽永的办学风格，秉承"正志笃行、成德达才"办学理念。基于学校建设与发展，结合地域性、人文性特点，在继承中深化办学理念内涵，在发展中凝练"原色教育"办学思想。"原色"指基本色，基本色调和、折射，可以融整、配合出各种颜色。"原"即本来面貌。金文中的"原"有"水流的源头"之意，侧重于个体，具象的起始。办学思想取"原色"，引申释义为教育的根本，教育的初心。"原色教育"即遵循教育规律，把握教育本质，以本心坚守教育信仰，以本真探索教育智慧，以木色成就教育情怀，让教育生活因坚守"原色"而纷呈隽永，精彩深刻，即守住初心，方得始终；强实根本，行稳致远。"童蒙养正，少年养志"，"原色教育"以"让每个生命都出彩"为办学方向，让学生在学校九年的成长，打好人生的底色，为未来发展与成长奠定坚实的基础。以"原色教育"为核心，我们涵养：精细人本、科学民主的管理文化；抱朴守拙、智慧融通的教师文化；志远尚善、活力通达的学生文化；丰富多元、精到有质的课程文化；开放灵动、智慧高效的课堂文化；有序适切、系统显效的活动文化；精细科学、规范人文的制度文化；整洁有品、端雅方正的环境文化；精要高效、确准民主的会议文化。

首都师大附中大兴北校区充分利用集团办学的优势，积极传承首师大附中百年名校的文化底蕴与办学理念，形成自我发展、自我提升、自我创新的内在机制，形成了"精微有序　力行恒远"的细致管理文化。在制度层面上，坚持用先进的理念引导人，用明确的目标激励人，用严格的制度约束人，用榜样的力量感召人。品质立校，精细管理，仁法相衡，与时俱进。以人的发展为基础，以社会发展为目标，以民族发展为动力，厚植中国精神基因，秉承附中"成德达才"育人理念，确立"为每一位学生终身成长奠基"的办学理念。以"成达·致远"教育为核心，全面培养学生的核心素养和关键能力，为学生的终身成长服务。"教育决定着人类的今天，也决定着人类的未来。人类社会需要通过教育不断培养社会需要的人才，需要通过教育来传授已知、更新旧知、开掘新知、探索未知，从而使人们能够更好认识世界和改造世界、更好创造人类的美好未来。""致远"，出自诸葛亮的《诫子书》，"夫君子之行，静以修身，俭以养德。非淡泊无以明志，非宁静无以致远。"后人将"致远"的含义进一步引申为远大的理想、事业上的抱负、追求卓越等。"致远"，在这里体现的是学校全体师生矢志不渝、锐意进取、勇于开拓创新的精神，它要求师生可以正确认识和处理理想与现实的关系、学生当前学习与学生未来成长的关系，既立足现实，又放眼未来，着眼于学生的今天和明天。

首都师大二附中根据首师大附中相关管理制度，结合首都师大二附中校情，完善制度建设《首都师大二附中教师教学综合评价方案》《首都师大二附中班主任工作评价方案》《首都师大二附中教研组、备课组建设方案》《首都师大二附中章程》等一系列规章制度颁布实施。民主管理、精细化制度建设充分调动了广大教职员工的工作热情。首都师大二附中在传承历史优势、特点的基础上，根植于"成德达才"的育人理念，结合未来发展的需要，经过几年时间的反复论证，提出了"弘美教育"的理念。"弘美教育"是以"立仁弘美"为核心价值观，培养"依于仁、志于学、游于艺"的俊美学子的教育。为使学校办学理念落地生根，学校建设六大办学实践体系：管理文化体系、课程文化体系、教师文化体系、课堂文化体系、学生文化体系、环境文化体系，形成"爱心管理"的管理文化、弘美课程体系课程文化、魅力教师工程的教师文化、智美课堂的课程文化、俊美学子的学生文化和立仁书院弘美花园的环境文化。

首都师大附中昌平学校自建校以来，认真贯彻落实集团制度精神，结合学校工作实际组织开展了学校制度建设工作，进一步规范学校办学行为，提高依法治校水平，为学校可持续发展提供了良好的服务平台，营造了积极向上的工作氛围，奠定了坚实的基础。制度建设已经成为学校的一种深层次的校园文化，约束、规范、激励和引导学校及师生的行为和发展方向，推进学校教育可持续发展。在学校文化建设过程中，昌平学校充分继承本部文化优势，坚持将对"人的培养作为教育的终极目标，构建丰富而有创造性的新型学校文化，使之成为构建丰富而有创造性的新型学校文化、教师信赖、社会赞誉"的人民满意的优质学校的核心动力。学校以观念文化为重点培育核心价值观，以制度文化为保障赋予制度以灵魂，以行为文化为落脚点彰显学校行为主体的良好形象，以学校物质文化为基础营造良好的育人环境。文化的营造就是要唤起全校师生内心的希望与热情，激发每个人的潜力，引领教师追求幸福的教育人生，助力学生成为最完美的自己。

首都师大附中通州校区自建校起，便认真做好"制度管理"，健全制度、公开制度、执行制度，做好"目标引领"，用理想统一思想凝聚人心，做好"文化形成"，促成公平公正、简单和谐、务实高效的团队文化，并以此根植于学校教职工内心以发挥影响，对待学校教职工和学生以"温暖关怀"，让全体教职工可以在关心和尊重中解决问题，在理解和沟通中共同成长。通州校区管理有"三要"，即认识上要全面客观、辩证统一；制度上要公平公正、赏罚透明；氛围上要务实高效、简单和谐。通过不断的调整与改进，首都师大附中通州校区秉承百年附中"成德达才"的育人理念，恪守"自觉、勤奋、求实、创新"的校训，坚持教育与教学相统一，形成了"三注重，两兼顾，一体现"的教育特色，即注重德育、注重实践、注重文化，"全面发展与学有特长"两相兼顾，处处体现学生的主体性。

　　加强校园文化建设，特别是中小学校园文化建设，充分发挥校园文化环境育人功能，对于传授知识、倡导学生行为文明、活动文明，营造文明风气，用高雅的校园文化滋润学生的心灵，确保校园文化建设朝着科学、快乐、向上的目标健康发展，促进学生全面发展等方面都具有十分重要的意义。首都师大附中北校区紧邻"百里犹见其峰"的百望山和素有"太行山之首"美誉的西山，精心设置育人环境，将山水自然贯穿于整个校园，达到理性与感性相融合，为师生陶冶情操、净化心灵、启迪思维、激发灵感创造条件。学校主体建筑有别于传统的教学楼，五座塔楼形态各异，仿佛五块巨石从同一平台上升起，"巨石"的转折与错动，构成了一个生动的校园中心空间。校园文化景观设计融入山、水元素，"成德"如山般厚重，"达才"如水般灵动，"群山"瀑布意在培养学生灵动的思维和创新的活力，像"利万物而不争"的流水一样，泽润四方。集山水意趣、天地意识于一体的三山五岳文化墙也传达着"天行健，君子以自强不息；地势坤，君子以厚德载物"的特殊寓意。学校以"四端正心　五德润身"为主线精心设计了四端金台、五德书卷。"四端"即始终保有同情恻隐之心、羞耻憎恶之心、恭敬辞让之心、是非辨别之心，"五德"则是指具备恭、宽、信、敏、惠五种美德。学校希望学生能以四端正心、五德润身，努力成为德才兼备的社会中坚、国家栋梁。

首都师大附中实验学校为进一步推进学校管理制度化、规范化和科学化，形成有章可循、按章办事、规范高效的管理体制，依据集团制度和学校章程，制定了各岗位人员职责和各项规章管理制度，用以指导、规范、监督学校各方面工作。学校在继承和发扬首师大附中"正志笃行、成德达才"的教育思想下，学校坚持"自觉、勤奋、求实、创新"的校训及"爱国、科学、人文"的办学理念。结合房山区教育实际，学校努力践行"成达教育"思想，遵循教育规律和人才成长规律，致力培养品德优秀、才能通达的创新人才。学校坚守"用心做教育，做心中有人的教育"的办学宗旨，聚焦"立德树人"根本任务，初步形成了以"成达教育"为核心的学校文化。

育人理念是办学的根本。传承"成德达才"育人理念，最美教育理念在首都师大附属实验学校表现为以人为本，尊重人才发展规律，润泽生命幸福成长。内涵有五个维度：尊重教育规律；尊重学生的身心发展规律；尊重学生的人格；尊重人才的成长规律；尊重教师的知识、劳动、创新精神。首都师大附属实验学校在最美教育实践和尊重教育的基础上，以"建设中国基础教育标杆学校"为办学目标，以"培育具有胸怀祖国和国际视野的美德少年"为育人目标，在建设独特的学校文化中，培育文明、勤奋、博识、勇敢的美德少年。"一切以学生为中心、起点的有教无类、过程的因材施教、结果的人尽其才"的"成达教育"内涵，在集团校中有了更加广泛的共识和有效的传播。教育集团积极探索名校教育集团本质及运行规律，不断提高将资源转化成在整个集团层面能够共享的核心能力，形成了以核心文化为灵魂，以制度体系为框架，以双向互动为纽带的运行机制。

▌第三章▐

课程共建 助力成才

第一节 成达课程体系

课程建设是撬动学校文化品质提升的杠杆，也是落实学校培养目标的重要载体，更是一所学校办学理念、办学风格和办学特色的集中体现。打造精品特色课程有利于学校实现可持续发展，提高核心发展竞争力。

随着课程改革的推进及北京市新中高考改革的要求，首都师大附中紧跟时代步伐，为适应中高考改革提升学生综合能力的需要，结合多年教育教学实践，对原有课程体系进行了深入梳理和整合提升，通过构建系统科学的"四修"课程体系，为实现"有质量"的成达教育办学目标提供了强有力的支撑。

一、"四修"课程的建构与实施

立足学校的实际情况，首都师大附中基于"三级课程"整体规划和实验研究实验项目设计了"四修"课程体系。

"四修"课程结构和"四修"课程体系分别如图1和图2所示。

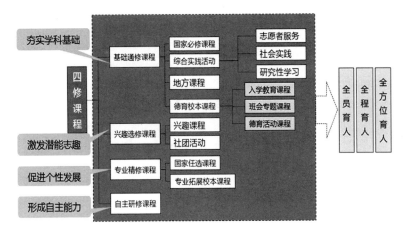

图1 "四修"课程结构

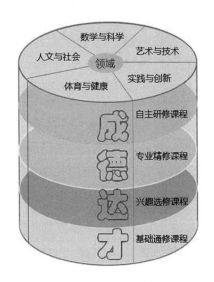

图2 "四修"课程体系

总的来讲,"四修"课程体系是指通过基础通修课程来夯实学科基础;通过兴趣选修课程以提高综合素养,激发学生的兴趣,强调课程的选择性和差异性,以自由选课为核心,给予学生充分选择和自主权;专业精修课程强调深入学习,建立批判性思维以促进专业发展;自主研修课程则是培养学生形成自主学习的能力。

（一）基础通修课程夯实学科基础

基础通修课程指向于学生基础素养的发展，保证学生全面发展、多种素质达标，使学生获得共同的基础学力，达到国家的基本要求。教育的核心是促进人的发展，课程要实现人的情意（情绪、感情、态度、价值）发展与认知（理智、知识、理解）发展的统一。人类用有限的时间面对无限的知识，显然不能穷尽学习所有的知识，所以学校设置的课程不仅要满足学生后续进一步学习的基本知识、基本技能和能力所需，还要与学生的兴趣、爱好和要求相适应。

自 2016 年《中国学生发展核心素养》课题组公布其研究成果后，教育界对于核心素养这一概念的认知逐步深入，重心也一步步从理论走向实践。我们认识到，核心素养的落地需要以课程为载体。为将核心素养融入学校教育，首都师大附中围绕核心素养构建起学校的基础通修课程。基础通修课程包含国家必修课程、综合实践活动、地方课程和德育校本课程等，为学生的全面发展和综合素质的提升打好基础。

学生全面发展的满足，最关键是给学生以支持的课程体系建设。而课程环境的根本是宽松的环境，给予学生充分的自我发展实践与空间，但又要辅以强有力的引导措施。所以校本课程的开发和学生学习评价的机制是课程建设的主攻方向。分科教学有着诸多的好处，但也有很明显的弊端，很容易造成学科的割裂，如果每个课程都从本学科角度出发而强调本课程的重要性，学生将无法承受。"不是过度肥胖，就是坏了胃口"，这正是课改给人们留下了增加学生负担的印象的根源。所以课程建设需突出学科的整合，把相关学科整合处理，收获整体综合效果。

此外，学科的割裂不利于学生通感的形成，而创新灵感的产生往往孕育于通感，从这一角度来讲，学校也需要加强学科间的课程整合，开阔学生眼界与思维视野，在广博知识的积累中推动学生创新能力的培养。

(二) 兴趣选修课程激发潜能志趣

普通心理学定义"兴趣"为人们以特定的事物或活动为对象所产生的积极的、带有倾向性和选择性的态度和情绪。兴趣的发展从低到高一般被分为三个层级：感官兴趣、自觉兴趣、志趣。其中，志趣是兴趣发展的高级阶段，是人的兴趣、能力和价值的有机结合，具有更强的自觉性、方向性、社会性和可持续性。兴趣是学习的动力来源，能帮助个体探索和发现新的世界，激发自身蕴藏的潜能，对确定未来发展的方向具有重要作用。

在人的成长历程中，中学阶段正是兴趣探索的黄金时代。首都师大附中的兴趣选修课程则是适合学生"口味喜好"开设的课程，重在激发兴趣，理解学科间的广泛联系。首先，学校的选修课程体量丰富，每个学科都开设有大量具有自身学科特色的选修课，学生可以根据自己的兴趣爱好进行自由选择。其次，兴趣选修课授课方式不拘一格，积极创造学生喜闻乐见的教学方式和方法，探索与丰富多样的兴趣社团活动相结合，让学生能在实践中进一步增强兴趣，不断提升专注力，进而激发潜能。最后，附中还注重给学生提供足够的探索时间与展示平台，通过鼓励和认可，助力学生寻找到适合自身发展的志趣方向。

(三) 专业精修课程促进专业发展

专业精修课程就是满足学生未来专业学习与发展的需求，体现学生的学科专攻方向，体现个人特长发展的选择性专业课程。专业精修课程的培养对象主要是在某领域已经表现出强烈兴趣并在该领域有更高素养需求的学生。学校在课程上尽力满足他们专业发展的需求，同时结合高中国家选修课程和部分大学课程，进行适当地整合、编写，为他们开发适合于中学生认知特点的相应领域的大学先修课程。

首都师大附中专业精修课程的设置是基于学生个体发展和国家创新

人才培养的需求两个方面综合考量的结果。首先,专业精修课程满足了学生个体发展的需要。如今,优秀的高中学生随着知识面的拓宽,高中课本的内容已经不足以满足学生的成长需求,开设专业精修课程正好可以解决这个问题。通过为学有余力、有兴趣专长的学生开设信息学奥赛、天文奥赛、机器人竞赛、航空模型竞赛、模拟飞行、青少年创客奥林匹克活动等课程,可以有效帮助他们拓展知识深度和广度,提升对相关专业领域的了解,进而提升专业水平。

其次,专业精修课程满足了拔尖创新人才培养的需求。教育部在2020年制定出台了《关于在部分高校开展基础学科招生改革试点工作的意见》(又称"强基计划"),在确保公平公正的前提下,积极探索多维度考核评价模式,逐步建立基础学科拔尖创新人才选拔培养的有效机制。强基计划立足服务国家战略需求,主要选拔有志于服务国家重大战略需求且综合素质优秀或基础学科拔尖的学生。突出基础学科的支撑引领作用,由有关高校结合自身办学特色,重点在数学、物理、化学、生物及历史、哲学、古文字学等相关专业招生。

首都师大附中开设的专业精修课程正好能为专业素质突出、具有创新精神,并且有志于未来在基础学科领域从事相关工作的学生提供良好的平台。经过专业精修课程的熏陶,很多学生在高中阶段就可以达到大学本科的部分专业培养要求,很多理科学生进入高校之后可以直接到实验室参与研究生的科研课题研究。专业精修课程所教的知识是高中内容的合理增长点,有利于学生当前的成长和发展,有助于培养学生的自主学习能力、团队精神和合作意识等影响终生的习惯。专业精修课程可以划分为文科类专业精修课程和理科类专业精修课程。

文科类专业精修课程关注新课程标准中学习的人文属性,旨在使学生具备文科类学科特有的必备品格与关键能力,注重发展学生的综合知识运用能力,强调培养思维品质和文化素养,提高学生的生活品位和精神体验层次，为培养有见识、有胸怀、有责任感的公民奠定基础。文科类专业精修课程针对高考改革的特点及趋势，辅以学校社团和兴趣小组平台，在课程与活动过程中对有兴趣专长的学生进行深入的指导和培养，通过专业阅读、听说读写、模拟实验、社会调查、专题讲座、案例研究、综合实践等形式增强学生的综合思维能力。

理科类开设了竞赛系列课程、大学先修课、实验实践课程等形式的专业精修课程，在进行理科类学科拔尖创新人才培养的同时，使一批具备学科潜力学生加深对理科类学科的理解，得到更好的发展。在理科类专业选修课的课堂上，旁人看来高难度的、枯燥深奥的理科知识和实验，在老师和同学们的相互配合、相互鼓励下，难题一个个得以破解，实验一个个取得成功，使学生充分体验了科学家的成长之路。竞赛类课程在老师们的努力下取得了丰硕的成果，连续多年，首都师大附中的学科竞赛成绩始终位居北京市前列，成为每年五大学科均有省级一等奖的少数学校之一。

（四）自主研修课程形成自主能力

按照斯滕伯格的创造性智力理论，人的成功需要分析性智力、创造性智力和实践性智力的共同发展，而常规的课堂学习主要是在培养学生的分析性智力方面起到很好的作用。实践性智力大量地源于默会知识（tacit knowledcdgc）的获得和应用，默会知识是一种程序性知识，它不是从明确的教授中获得的，往往只可意会，不可言传，但是人们要想在一个环境里取得成功就需要知道它。创造性智力是一种选择，能够帮助人把各方面的智力有效地应用于他们的生活之中。因此，对于学生的培养，我们需要改变目前过度注重认知学习的状况，这种仅重视分析性智力而忽视创造性智力和实践性智力的局面必须得到改变。

新课程改革最大的亮点，是设置了以主题式研究性学习活动为重要内容的综合实践活动课程。该课程可以使学生亲历数学建模、社科研究、科技活动实践，联系自然、联系社会、联系自我，在动手操手、积极动脑的过程中，获得直接经验，有利于创造性智力的培养。自主研修是基础通修课程之外的必要补充，是学生利用自主时间在教师的指导下进行的有目的、有意义的学习活动，主要包括综合实践课程和项目研究课程。

自主研修课程主要是学生利用课余时间进行的探究类课程，包括综合实践课程和项目研究课程。在学好基础通修课程的基础上，学生通过兴趣选修课程兴趣社团活动发展自己的兴趣，开阔视野、激发潜能。对于已经确定自己专长的学生，可以通过专业精修课程进行延展性和拓展性学习，实现高中课程与大学课程的衔接。在此基础上，学生需要通过自主阅读、小组探究、动手实践、外出考察等多种自主研修课程巩固所学，将学到的课本知识运用到生活实际中，从而达到学以致用的目的。

学生能够走出校园开展综合实践课程，对于他们视野的开阔、知识的运用等方面起到至关重要的作用。为了保障综合实践活动的顺利开展，学校开发了大量的校外资源基地。自 2001 年起学校便开设了初中博识课程，通过与近 20 家博识资源单位签订合作协议，形成了涵盖 30 余个学习主题的系列课程。初一、初二的学生每周利用半天正课的时间走进北京市 70 多个博物场馆和名人故居开展博识活动，进行实践性学习。学生在走访参观的实践中，于"走出去"与"请进来"之间，达到"内外兼修、知行合一"的培养目标。

在博识课成熟的基础上，2016 年，首都师大附中开始借助校外平台，共同设计研发辐射中国东部、中部、西部城市的高中综合实践活动课程，其中北京、南京、合肥、青岛、苏州、武汉、江西、上海等地的课程依托当地的中科院研究机构、科研人员及研究项目，设计了一系列的前沿科学探究性学习及科学实验课程，研究课题多达 100 个，所有课题都需要学生综合运用数学、物理、化学、生物等多学科知识，研究领域涵盖环境、生态、医药、材料、能源、海洋、工程技术、食品安全等。在这个过程中，学生能够亲身感受到真实的科研全过程。除此以外，结合这些地点的地理、人文、历史等特色，我们还设计了相应的社会人文课题，如南京线路，就依托南京大屠杀纪念馆和江苏省国家安全厅开展了爱国主义教育与国家安全教育相结合的活动；苏州线路，在中国昆曲博物馆为学生举办戏剧理论课程和昆曲专场赏析，并与演员交流，学生亲身体验非物质文化遗产的魅力；合肥活动，安排学生走进中国科学技术大学了解院系设置并与大学生交流活动等。每个地点的活动内容都设计成了一本研究手册，学生们要提前阅读手册内容，了解先备知识，而且活动中每个环节都有相应的研究内容、研究报告要求学生们完成并记录。

为了更好地服务于"四修"课程的实施，近年来，各学科根据学科特点建设了大量专业教室。国学、历史、天文、地理、陶艺、烙画、舞蹈、信息等各类专业教室纷纷建成，为学生创造了更多专业和兴趣发展的平台。理化生高端实验室为学生专业精修和自主研修提供了实验基础。开放性博物馆让自然与人文学科知识走出课本，来到学生身边。非遗教育博物馆作为北京市首个非遗教育孵化基地，让学生深度体验非遗文化，从而不断增强民族自豪感，提升文化自信。

2016年，青牛创客空间建成并投入使用，以此为平台，学校构建起较完善的创客课程体系，开设了《3D古建复原》《雕刻与精密加工》《Arduino开源硬件》《App开发》《传感物联初探》《程序设计》《怎样开上波音747》等课程，帮助指导学生分层发展。常规的信息技术课和通用技术课根据学生的爱好和水平不同采用分类、分层教学、小班活动的方式，保证不同兴趣方向的同学有适合自己的选择，让学生在知识学习和团队合作活动中培养兴趣、树立信心、展现自我、释放个性。同时，青牛创客空间设计了一系列趣味性强、可操作性强的创客活动，让学生对创新触手可及。另外，也开展了《青牛草场》主题科普演讲、《青牛认证》加工设备培训、《青牛陪伴》家校合一的创新活动、《阅读+》读书+书签雕刻等融合了科学探究、技术制作、艺术创作的一系列创客教育活动，活动的开展主要是为小创客们创新应用的实现提供高效的帮助和支持，而不是简单完成一个专业人才的培训。创客主题活动为了倡导培育学生提出问题、研究问题、解决问题、动手制作的综合能力，培养学生的主动探索精神、批判性思维能力、自主创新能力、合作研究能力、语言表达能力、艺术创作能力等。专业教室的建设和创客空间的建成为学生开展项目研究课程提供了保障，学生可以从自己的兴趣出发，以个人或小组的形式，在导师的指导下开展项目研究，为将来的专业发展奠定基础。

二、成达思维发展课堂

"实现教育过程的整体优化"是著名教育家陶西平先生教育思想的核心主张。实现教育过程的整体优化就是要使教育过程各环节、各领域协调发展，并始终处于持续向好的过程之中。

如今，我们正处于百年未有之大变局时代，全球竞争日益加剧，社会迭变不断升级，科技发展日新月异，这些因素正在深刻地影响着教育，呼唤着教育变革。面对知识量太多学不完，很多知识学完易过时，人已经学不过机器的时代，教育该何去何从？目前，这种局面在短期内不会停止，变化的速度只会越来越快，步幅会越来越大。然而，无论世界怎么变化，始终不变的是学习者仍是教育的中心。为此，我们的教育也进行了哲学的本体转型，即以知识和技能为本位的教育，正转向以能力和素养为本位的教育。

在此背景下，国家提出了中国学生全面发展核心素养的目标，界定了各学科核心素养的具体内涵，强调通过学科核心素养统领正确价值观、关键能力、必备品格。同时，随着改革的不断深入，学科核心素养的培养则日益强调发展思维能力的重要性。

我们深知，信息爆炸的时代，人们在互联网上几乎可以学到任何知识，已经存在的旧知识都能称为信息，毫无创造性地"运用知识"只不过是信息处理。真正的知识应该是运用信息创造新知识，而传统的课堂仍然花费大量的时间和昂贵的资源在课堂上传播信息，并不能培养产生创造新知识的能力，教育的价值越来越低，这是今天的教育体系面临的最大问题，应该引发人们深入思考。所以我们需要通过教育培养具有整合、加工、产生新知识和新观念能力的人。

课堂教学是课程的实施，也是课程的核心。依据现代课程论理念，规范的课程内涵必须具有四个要素：目标、内容、实施和评价。由此可见，课程的内涵包括课程规划（设计）、实施和评价三个方面的内容。为了让"四修"课程育人价值和育人目标得以高效实施，首都师大附中的各个学科正积极打造思维发展课堂，让核心素养落地生根。思维课堂这种新型课堂形态以促进高级思维能力发展为核心目标，担负着活化知识和发展思维的双重使命，进而培养和提升学生思维的深刻性、系统性、灵活性、敏捷性、独创性、批判性。

为了让"成达思维发展课堂"更好的落地实施，让各学科教师操作起来有抓手，让课堂更有实效，学校构建了"4321"思维课堂教学模式。该模式以"提升学生思维品质"为核心，以"设境启思、互动辨思、自主研思、拓展深思"为主要教学环节，以"有料、有法、有序"作为教学设计的基本要求，注重思维可视和思维评价，简称"4321"模式。其总体框架如图3所示。

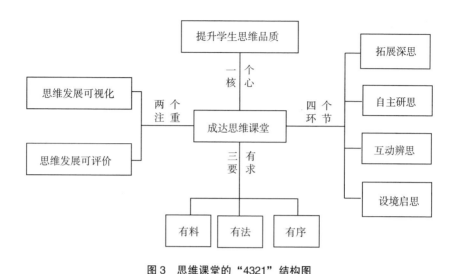

图3　思维课堂的"4321"结构图

三、成达教育特色实践课程

人的发展是在书本知识与社会实践的结合中实现的，因此教育要引领学生"读万卷书，行万里路"。2010年，《国家中长期教育改革与发展规划纲要（2010—2020年）》中提出了"面向全体学生，促进学生全面发展，着力提高学生服务国家、服务人民的社会责任感、勇于探索的创新精神和善于解决问题的实践能力"的战略思想，确立了"社会育人，育社会人"的教育理念。首都师大附中勇于创新，根据"做中学"理论和情境教学与建构主义理论，早在2001年就创造性地开设了特色校本课程——博识课。博识课改变了教学方式，也转变了学生的学习方式，更提升了学生的实践能力和创新精神。为此可以说，首都师大附中成达教育特色实践课程探索具有前瞻性，在一定程度上引领了教育改革的方向。

（一）领跑实践教育的博识课

从2001年开始，首都师大附中为初中部学生开设了博识课，博识课以"博闻广见、卓有通识；内外兼修、知行合一"为基本理念，是一门"走出去"与"请进来"、校内学习与校外教育相结合、理论与实践相结合的综合实践性课程。至今，博识课已经成为具有广泛影响力的实践课程，并呈现出了"四化"的显著特色。

1. 主题系列化

目前，有近20家博识资源单位与首都师大附中签订合作协议，共有30余个学习主题，学生们可在北京市内70多个场馆开展博识活动。首都师大附中的博识课形成十个主要板块，分别是军事之旅、自然之旅、历史长河、民俗之旅、绿色生活、艺术之旅、收藏系列、名人故事、科技之旅和时代之旅。首都师大附中的学子们在北京众多场馆中求索，了解社会前沿、开阔知识视野、感受大家风范、提升思想境界，所学所得受益终身。

2. 课程常态化

博识课颠覆了传统课堂教学的固定模式，真正使学生成为学习的主人。对于初中阶段的孩子们来说，每周都有半天的时间走进北京的各类场馆参观学习。2年280多个课时，让故宫、中国国家博物馆、植物园、动物园、宣南文化博物馆、恭王府、鲁迅纪念馆、天文馆、军事博物馆、汽车博物馆、海淀公共安全馆等各类场馆都留下了孩子们实践学习的脚印。

3. 指导专业化

博识课的实施过程通常分为课前准备、实施参观、成果展示与评价三个阶段，而这三个阶段可具体划分为八个具体步骤，如图4所示。

在课前准备阶段，不同的年级根据本年级特点和需求确定合适的博识场所，形成特色的课程设计，并对场馆进行全方位的现场考察。根据场馆特色和教学目标，教师制定教学设计，并利用课堂教学和课后作业帮助学生做好前期知识储备。在实施参观阶段，鼓励学生通过自主研

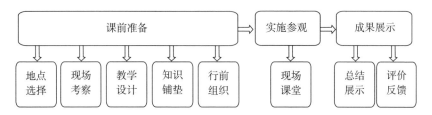

图 4　博识课的实施过程

究，小组讨论、询问讲解员或其他参观者等方式进行探索式、合作式学习。在成果展示阶段，学生可以通过撰写论文、制作 PPT、设计手抄报、知识竞赛、拍摄短片、手工制作等多种形式展现学习成果。博识课结束后，教师会对学生的学案完成情况和成果展示情况进行评价，学生也会利用"博识课学生自评表"进行自评总结。

学校专门成立了博识课校本课程开发小组，对博识课程进行开发。老师们会把课堂教学内容带进场馆，在特殊的学习情境下进行现场教学，提高了课程的质量，达到了更好的教学效果。

博识课程设计将参观访问、专家讲座、交流探讨、实践制作、论文撰写等内容有机结合，让学生深入接触祖国深厚的文化积淀和最新的科技发展成果，以形成渊深广博的文化底蕴，打下坚实的成长基础。专业化的课程指导团队和运行体系，保证了博识课实施的高质量和高效率。

4. 学生自主化

在博识课上，从学习小组的自主结合到学习重点内容的敲定，再到收集资料汇报展示，学生都享有充分的自主权。老师们经过适度引领，激发了学生学习的热情，参观过程的设计及成果展示分享，形式灵活多样，学生在整个的学习过程中可以充分体会到自主学习、主动学习的乐趣，并能够发掘自己的兴趣点，找到自己努力的方向。

（二）　高中实践活动课程化

随着初中博识课的成熟，2016 年首都师大附中又与中国科学院合作，正式启动了高中综合社会实践活动。高中阶段的综合实践活动根据培养科学精神和人文底蕴的需要，结合学生的特点和实际，沿用博识课的方式，把实践活动做成了课程，开展多线路、多主题的京外综合实践活动。高一、高二年级的1000多名学生主要在京外十余处如上海、江苏、安徽、江西、湖北、山东、甘肃和四川等地开展了高中生综合社会实践活动。学生们一方面深入中科院各分院所科研机构，参与科学研究，接受名师指导；另一方面寻访自然人文景观，品味地域文化，培养爱国情怀。孩子们可以根据自己的兴趣和喜好选择适合自己的实践地点，鼓励个性发展。高中阶段的实践课程将学生实践从京内带到京外，实现了从"小课堂"到"大社会"，从"踏遍京城"到"博览中华"的跨越。

1. 精心筹划设计精彩的实践课程

高中社会实践持续一周左右的时间，为了保证在较短的时间内让学生都能有所收获，学校的筹备过程往往要经历几个月。首先，要与中国科学院相关部门进行前期沟通，完成合作立项，初步确定实践活动目的地；其次，部分老师与合作单位共同赶往目的地进行考察，与当地科教资源对接，熟悉当地情况，并做好学生食宿的安排；考察结束之后，邀请专家对课程进行精心设计，研究选题；选题确定之后，组建教师团队，各学科教师根据不同的考察地点，结合学科知识，进行学案的细化和补充。

2. 为学生提供真实的科学体验

在侧重理科的实践行程中，活动地点安排在中科院各科研机构，在当地专家的共同参与下，带领孩子们走进未知的科学世界，鼓励孩子们像科学家一样思考。他们在专家的指导之下，严谨的科学实验带给他们的不仅是一连串的科研数据，更是对未来选择科研专业方向的指导和鼓励。从选题、开题、查阅文献、实验、数据处理、结题、成果提交，各个环节均由专业导师进行辅导，给予学生全过程的真实科研体验。活动注重学生自主性的培养，提升其自主学习的能力和思考、解决问题的能力。通过充分发挥学生在实践活动中的主观能动性，来激发学生兴趣，锻炼技能，并且将这种实践体验内化为自身能力。

3. 注重学生人文底蕴的积淀

无论选择哪条游学线路，人文素养的培养都是必备的环节。即便是偏重科学探索的研学线路，还安排有博物馆研究所听讲座、体验中华传统艺术等子活动，从人文历史角度对学生进行启发，引导学生全面发展。让孩子们在研学之旅中，学会用脚步去丈量、用眼睛去观察、用心灵去思考。在侧重人文线路的目的地的选择上，我们首先锁定了中国的历史文化名城，让学生随时随地都能用眼睛触摸历史。在活动主题的设计上，除了参观最具当地特色的自然历史人文景观外，还会在博物馆听专家讲座，走进知名大学感受高等学府气息，体验中华传统文化艺术。

4. 培养有情感有温度的公民

成为高尚的人，不是来自书本或说教的间接习得，而是来自自然而生的直观感触。首都师大附中的综合实践活动，在注重知识性、能力性教育目标的同时，更注重了对学生情感、态度、价值观领域的德育引导。在此过程中有一环节会安排学生去相对贫困地区的学校，在交流中，让学生认识到国家还有很多地方需要我们去建设、去付出。我们希望通过综合实践活动，让责任担当意识在学生的心里自然生发。

成达教育特色实践课程具有学习内容的综合性与开放性、学习主体的参与性与自主性、学习过程的创造性与多样性、学习评价的多元性与社会性等特点，为学生营造了民主的、自由的、宽松的、向上的学习氛围，帮助其建立了开放型的知识结构体系，引导学生更理性地了解科学、更客观地认识世界，从而有助于学生实践能力的提升、创新精神的培养和完美人格的塑造，推动了学生全面而有个性发展、自主发展和可持续发展，为学生的未来奠基。

第二节　集团校课程建设总体思路

课程建设是学校实现内涵发展的核心模块之一。课程建设本质上是一种价值建设，是对整所学校的价值观念进行"塑造"。课程改革从某种意义上来讲是与课程相关的学校价值思想观念的根本变革。课程建设是学校办学理念的集中体现，也是落实培养目标的重要载体。为了实现资源协同创生，打造具有强大凝聚优势的教育共同体，首都师大附中教育集团从课程建设这一核心模块精准切入，从根本上构建一脉相承的课程体系，为集团学子提供同样优质的课程，提升教育集团整体教育教学水平。

一、课程体系科学赋能

课程是学校教学活动的载体，课程资源也是集团输出资源的重要部分。夯实学科基础的基础通修课程、激发潜能志趣的兴趣选修课程、促进专业发展的专业精修课程和形成自主能力的自主研修课程，既满足学生对于学业水平的需求，也为学生的个性化发展提供了足够的空间。

在附中教育集团承办之前，大部分区县没有学校能够开展应对新中考、新高考的教育改革，以及各分校几乎都没有建立自己的课程体系。总校不仅将不用增加教室，也不用增加老师，就可以实现分类分层走班的综合改革带到了各区县，还将"四修"课程体系在分校进行了推广和延伸。分校经过消化吸收，结合区位的特色与优势，形成了具有自身特色的课程体系。

首都师大附中递进式的"四修"课程体系和成达思维发展课堂的理念模式科学赋能，充分渗透到教育集团各校的课程建设中。例如，永定分校的"幸福课程"、大兴南校区的"原色+"课程、大兴北校区的"成达+"课程体系、首都师大二附中的"弘美"课程等。理念引领和经验传承让每个成员校都能逐步构建符合其发展形态的课程，实现在所在区域的迅速成长、快速提升。

二、品牌课程特色推广

除了整体课程体系的搭建外，首都师大附中的一些特色品牌课程的优质资源也实现教育集团内部的共享，开放课程资源库，品牌课程得以在各校迅速推广。例如，成达教育特色实践课程从课程开发、课程实施、课程评价、成果展示、资源共享等方面向集团各校传送经验，提供支持。在总校的大力支持下，依托现有实践资源，成员校充分借鉴先进经验，纷纷将博识课等实践课程纳入自身课程体系中。

三、高端课程集中共享

对于一些成员校开设难度较大的课程，首都师大附中的优质教育资源也毫无保留地提供给各校，让集团内的学生能够有机会享受到高端的课程和专业化的培训。附中总校的高端实验室、专业设备在合理安排的前提下，也面向分校学生开放，总校的很多老师们也主动承担起培养学生和指导分校老师的双重任务。

2015年，首都师大附中率先开始了创客教育的探索，并于2016年建成全国首个中学创客空间——青牛创客空间，为激发和提升学生的创新力搭建了更广阔的平台。青牛创客空间配备了先进实用的硬件设备，营造了一个良好的创新实践的环境，在帮助学生实现创意的同时，让学生见识和体验到一些基本的加工技术，并由此延伸构建了系列创客课程和科技社团活动。创客课程让学生对当前的新科技相关领域有更广泛和深入的了解，很好地激发了学生的求知欲，为有力量的创新奠定了基础。作为北京市金鹏科技团承办校，首都师大附中毫无保留地将创客课程向成员校学生开放，助力集团各校拔尖创新人才培养。此外，首都师大附中专业精修课程中的学科竞赛课程、天文社团等专业社团课程和高端课程资源也实现了在集团内部的共享，为各校学有余力且有专业发展特长的学生提供持续发力的成长平台，为实现个性发展和因材施教注入强大动力。

第三节　各成员校课程体系衍生与发展

教育集团各校在育人理念和总体目标上体现出教育集团的"共性"，但在具体课程体系建构上则需要各成员校基于自身的办学理念或办学优势对"共性"的课程体系进行"个性"创造，在内容和形式上凸显校情和特色，挖掘集团学校生长点，拓展成达"四修"课程的形式样态，树立集团学校课程特色品牌。

一、首都师大附中永定分校：幸福课程体系

首都师大附中永定分校引进和借鉴首都师大附中的博识课程，依托首都师范大学合作共同体的资源优势，优化整合，构建成包括基础课程、拓展课程、实践课程三个层级，人文素养、科技创新、体艺健康、

自主实践、国际课程五个维度的幸福课程体系，为实现学生全面而有个性的成长、教师专业提升和学校高速发展提供多元平台。为此，学校被评为课程建设先进校，在 2017 年区基础教育课程建设评选中荣获一等奖，被推选参加北京市基础教育课程建设先进性评选。

　　学校课程体系的构建与附中本部和合作体的各校帮助是分不开的，在本部教师专家的帮助下，永定分校顺利完成"依托地球科学实验室实现地球课程跨校合作的研究"课题，依托此课题学校开发出《美丽的石头会说话》《地理的视角看世界》《多姿多彩的地貌》等 20 余门课程。此外，教育集团帮助其开设烙画课程、戏剧课程等选修课程。

　　丰富的课程实现了学生德智体美劳全面而有个性的发展和教师的专业化成长，同时催生了学校课程教学模式的变革。在以沈杰校长为首的总校优秀教师团队的指导和帮助下，永定分校不断深化"5+X"课堂教学模式研究。结合学科、教师、学生、学段和课型特点，最终确立由"学情了解、问题引入、自主学习、合作探究、效果反馈"五个基本环节和"X"特色环节组成的"5+X"课堂教学模式，打造活力课堂，倡导教师的个性化教学，关注学生的个体需求，注重学生的幸福体验。"5+X"课堂教学模式也荣获 2017 年北京市基础教育教学成果奖一等奖，2018 年全国基础教育国家级教育成果奖二等奖。

二、首都师大附中一分校："一三四五"课程体系

　　首都师大附中一分校是首都师大附中教育集团于 2010 年承办的一所中学。2010 年前，学校课程建设基本停留在国家课程和地方课程，没有形成完整的课程体系。教育集团承办后，学校的课程建设分为三个阶段稳步发展：2010—2013 年是课程体系起步阶段；2014—2019 年则是将"四修"课程的引入、吸收、本土化阶段，形成基于一分校学情

相对完整的"一三四五"课程体系；2019 年 9 月开始在打造升级版的基于跨学科实践活动为主的"科创课程"。

第一阶段，秉承首都师大附中博识课的"博闻广见、卓尔通识、内外兼修、知行合一"基本理念，一分校在博识课的基础上衍生出"馆校结合课程"，把课程开到中国科技馆，成为中国科学技术馆认定的北京市首批"馆校结合基地校"。博识课程的引领使一分校的教风、学风、校风发生了巨大变化，教学质量及学生整体素质迅速提高，区域社会影响力日渐提高。

2014 年，随着首都师大附中"四修"课程体系的确立和推广，这一先进课程理念因教育集团的指导快速在一分校落地。同年，一分校提出"双百工程"，即开设一百门选修课、一百个社团，使其精品化、系列化、可传承。创新博识课的内涵，开发学科实践活动课程。"四修"课程的实施既丰富了学生的学习生活，也满足了学生的求知欲望，更激发了学生的学习兴趣。为深化教育领域综合改革，学校在已有选修和社团课程的基础上，通过对"双百工程"调结构、去产能、补短板，进一步融入社会主义核心价值观和核心素养，形成学生乐于选择的精品选修、社团课程。2017 年 9 月到 2019 年，逐步形成一分校"一三四五"课程体系。

一即"一高课程"（简称一高），即以社会主义核心价值观为统领的养成教育课程。三即"三级课程"（简称三级），即基础课程、拓展课程、探究课程。基础课程，即国家课程、地方课程；拓展课程，即综合社会实践课程、开放科学实践课程、博识课程等；探究课程，即为学生提供各学科内容上进阶与不同学科交叉与融通的探究课程。四即"四修课程"（简称四修），即基础通修、兴趣选修、专业精修、自主研修。基础通修注重学生在学习中的知识、方法与态度；兴趣选修注重学生在学习中的兴趣、表现与素养；专业精修注重学生在学习中的能力、思想与品质；自主研修注重学生在学习中的自主、合作与超越。五即"五维课程功能"（简称五维），即品、知、健、美、合，使学校课程从其功能上实现"德智体美劳"五育并举。

三、首都师大附中大兴南校区："原色+"一体化课程体系

课程是学校教育教学建设的"主脑"，首都师大附中大兴南校区在"正志笃行、成德达才"办学理念的引领下，构建并实施"原色+"一体化课程体系，以培养学生"志行德才"内在品格为核心，充分发挥九年一贯制学校管理优势、课程优势，统筹规划、充分整合各学段、各学科、各育人环节、育人环境和育人资源，保证学生在学校的九年完成其人生中重要阶段的坚实奠基——从"童蒙养正"到"少年养志"再到"成德达才"，最终成长为身体健康、心态积极、懂得审美、面向未来的中国人。

"原色"，即本色，希望学校的课程能够还原每个生命的本色，给生命以自然生长的状态。"+"，即本色基础上的调和与浸润，以成就万千色彩，让生命因课程而出彩。横向上，学校建立起丰富多元的"课程群"，从打实基础、广泛拓展、发展个性三个维度进行了课程统整，着眼于身心健康教育、艺术教育、科技教育、传统文化教育四个育人目标，建设体育类、心理类、艺术类、科技类和人文类课程五大课程群。纵向上，基于五大课程群，设计中小有效衔接的课程链，即一体化阅读课程链、一体化实践课程链、一体化养正课程链、一体化健康课程链、一体化艺术课程链、一体化科学素养课程链。"原色+"一体化课程体系着眼于学生综合素养的提升，实现横向课程群和纵向课程链的有效贯通。

在课程实施上，学科课程重在打实基础，根据校情、学情，确定校

本化实施方式；实践课程重在广泛拓展，结合实践特性，确定开放化实施方式；校本课程重在发展个性，在尊重学生个性发展的基础上，确定专业化实施方式。由此，建立融通课内外、联通校内外、贯通全学段的课程实施大体系，打造基础课程扎实、拓展课程丰富、个性课程专业的课程品牌。

四、首都师大附中大兴北校区："成达+"课程体系

首都师大附中大兴北校区一直秉承首都师大附中教育理念，结合学生的年龄特点和身心发展水平，以国家课程为基础，积极探索并建设适合小学生学习和发展的课程，力争让学生开阔视野、增强体质、收获知识、形成能力。学校关注学生品质和能力的提升，建设学生喜欢、促进学生发展的九年一贯制课程体系，为学生的持续、健康、全面发展奠定坚实的基础。

学校积极进行课程设计整合，把知识体系、社会要求、个性发展三个维度相融合，构建多维一体化课程结构，开设了基础型课程（国家课程）、拓展型课程（校本课程）、综合型课程（博识课程），从夯实学科基础，提升综合素养的双角度考虑，在确保国家课程高质量实施的同时，提升"道德、健康、艺术、人文、科学"等素养，积极构建以"多元·选择·融合"为主题词的课程结构。课程设置的四大原则包括课程目标整体性原则——课程要有利素质全面发展；课程结构多元性原则——课程要具有多元化的结构；课程内容选择性原则——课程要给学生充分选择权；课程教学适应性原则——课程要适应学生个性发展。

在课程实施上，基础型课程、拓展型课程、综合型课程各有设计。基础型课程主要是国家课程和学科基础课程的校本化实施，旨在夯实学科基础。拓展型课程则包含学科类拓展课程、综合类拓展课程、实践类

拓展课程，其中，学科类拓展课程是指基础型课程科目的知识、技能、过程、方法、情感态度价值观的拓展；综合类拓展课程是指学习领域素养的拓展课程，提供学生自主选修，既有以学期为周期的长课程，也有讲座式的短课程；实践类拓展课程包括学校各类教师主导、学生主体参与的主题教育活动、教师指导下的学生社团及学生社会实践活动等。综合型课程为博识课程与研究性课程相融合，积极探索并建设适合小学生学习和发展的博识课程，力争在博识课中让小学生开阔视野、增强体验、收获知识、形成能力。大兴北校区在总校的指导下逐步实现博识课与学科教学的融合。在此基础上，学校将博识课向下延伸，开发了适合大兴区情和学校学情的小学博识课程，形成"开启多彩世界　通向梦想殿堂"实践系列教材。因此，大兴北校区被评为"北京市社会实践大课堂市级先进校"，受到了学生、家长和社会的一致好评。

"一体化贯通型直升课"是大兴北校区自主开发的特色课程。作为一所九年一贯制学校，学校站在新中高考的基点上，重新审视小学、中学学段在学生终身发展链条中所处的功能地位，慎重思考如何为国家培养具备终身学习能力的未来公民。经过不断探索，学校在贯通型课程体系中创设了直升课程。为了更好地帮助学生完成中小学的过渡，培植了语文、数学、英语、生物等多个培养学科思维的直升课程。学校集中优质教师资源，开设直升课程，使学生在贯通型课程的实施中，一以贯之地接受系统而连续的教育，实现有步骤的成长过渡，更好地推动了自我素养的发展。

五、首都师大二附中：弘美课程体系

自承办以来，在教育集团的引领下，首都师大二附中认真梳理办学历史，提炼文化亮色，确立了以"立仁、弘美"为核心价值的文化理

念。"弘美教育"成为全校师生共同的价值追求。"弘美"意为弘扬美善，使之光大。依托"弘美教育"的管理文化和环境文化，建构"弘美课程"文化，打造"智美课堂"，培育德才兼备的"魅力教师"和"依于仁、志于学、游于艺的俊美学子"。

在"弘美教育"理念统领下，首都师大二附中"弘美课程体系"逐步完善。为实现"学会做人、学会学习、学会生活"的课程目标，学校课程专家团队搭建并逐步完善了"三三三弘美课程"体系，横向分为"立仁课程""志学课程""游艺课程"三类课程群，每个课程群又分为基础通修、拓展选修和进阶融合三个层级。内容涉及语言与文字、数学与科学、人文与社会、技术与创新、艺术与美育、体育与健康、成长与成熟、自主与自我八个领域。课程之间相互关联，以课程链、课程群的形式，为学生核心素养的发展提供良好的保障。

"立仁课程"旨在教育学生学会做人。以参与实践为主要方式，让仁爱之心、感恩之情和家国情怀植根于每个孩子的灵魂之中。"志学课程"旨在教育学生学会学习。通过基础通修、拓展选修、进阶融合等课程形式，借助首都师大附中教育集团的办学优势，打通两校课程通道，实现学生跨校选课和资源整合。"游艺课程"旨在教育学生学会生活。充分发挥首都师大二附中作为北京市艺术教育示范校的传统优势和底蕴，打造门类齐全、丰富多彩、选择性强的艺体科技和实践课程，通过寓教于乐、"玩中学"的方式，使每个学生都通晓一门或几门体育、科技、艺术项目，培养其健康生活、和谐发展的能力，提升其科技素养、审美情趣等，为学生将来更有质量地生活做准备。

六、首都师大附中昌平学校：成达课程

秉承首师大附中教育集团"正志笃行、成德达才"的育人理念，

首都师大附中昌平学校以"唤醒并成就每一个孩子"为办学目标，从"唤醒学生、激励学生、成就学生"出发，坚持学校文化为引领，形成成达课程，旨在将学生培养成为德智体美劳全面发展的中国特色社会主义合格建设者和可靠接班人。

成达课程的构建从根本上将激励并成就每一个孩子的个性发展作为依据，在继承优秀传统的同时，吸收了现代教育改革要素，在尊重孩子天性的基础上，为每一个孩子立志、成志，唤醒每一个孩子的可能性，在国家学科课程建设基础上进行个性课程的定制化开发。成达课程分为唤醒课程、成长课程、成就课程三个层级。唤醒课程基于学校学生的特征和实际需要，通过学科衔接、生涯规划等课程激发学生投入学习的兴趣，唤醒学生思考未来的渴望，激发学生继续探索的勇气。成长课程主要包括国家学科课程与地方课程两部分，是学校课程的核心，是促进学生成长的主体，也是国家和地区要求的直接体现，承载着国家意志。成就课程是根据学生个性凸现需要设置的课程，为学生提供丰富的研修课程、研究课题及项目，为学生扬长发展搭建绿色通道。

在实施策略上，唤醒课程认真分析和了解每一个学生的学习准备，以志向、责任、担当为纽带，去焕发学习兴趣、热情和发展渴望；成长课程作为课程体系的主干，进行广度及深度层面上的拓展、延伸，采取课内与课外、分散与集中相结合的方式实施，以此带动"成达课程"的实施；成就课程立足学生个性发展需要，关注优质引入资源与校本资源的融合，通过学生真实而丰富的实践与体验加以满足。在此基础上，昌平学校积极构建"双力"课堂，以思维力为基础、情感力为驱动，相互促进，与学校课程结构一脉相承。成达课程以唤醒学生为起点，以培养目标为方向，以促进学生的不断发现与成就为动力，实现积极的自我超越。

七、首都师大附中通州校区

首都师大附中通州校区自建校以来，一直秉承"成德达才"的办学理念，继承百年积淀的深厚传统文化，秉承"以学生发展为本——创造适合学生发展的教育"（全面发展，学有特长）的育人理念，坚持"四为"（育人成才为本、学术研究为魂、课堂教学为主、责任大局为重）行动纲领，把学生培养成具有高度社会责任感、厚德博学、全面发展、学有特长的创新人才。

通州校区历来追求"高质量、轻负担"的教学理念，秉承附中这种教学理念，以附中"四修"课程体系（基础通修、兴趣选修、专业精修和自主精修）为基础，充分借鉴附中的教育教学改革经验，制定了符合通州校区学情特点的"四修"课程体系。该课程体系意在全面发展学生，提倡学生"学有特长"，尊重学生的主体性和主动精神，包容个性差异，开发学生的智慧潜能，让每一个学生都拥有健全的个性，能够在通州校区"成德达才"。

通州校区借助总校丰富的课程改革经验，制定了符合本校学情特点的"四修"课程体系，并在通州地区率先开展分层走班教学形式，充分考虑每一位学生的发展差异。通州校区的"四修"课程体系包含基础通修、兴趣选修、专业精修和特色必修，通过基础通修来夯实学科基础；通过兴趣选修以提高综合素养，激发学生的兴趣，强调课程的选择性和差异性，以自由选课为核心，给予学生充分选择和自主权；专业精修强调深入学习、批判性思维以促进专业发展；特色必修培养学生形成自主学习的能力。

基础通修课程面向全体学生，实现国家必修与必选课程的校本化实施，包括学科内的课程整合及学科间的内容整合，把相关学科的内容进行拆分和重组，突出整体效果，实现课程内容的自主。兴趣选修课程坚持"以兴趣为本"，开展丰富多样的兴趣课程，让每一个学生都能在课程中挖掘自己的兴趣，主动参与各种课程和活动。专业精修课程就是满足学生未来专业学习与发展的需求，体现学生的学科专攻方向，提供满足个人特长发展的选择性专业课程，包含自主精修课、精品阅读课和外教口语课。特色必修课程分为初中博识课和高中艺术素养课两部分，从环境学习中培育学生创造性智力。

八、首都师大附中北校区

学科核心素养是指学生通过某学科的学习而逐步形成的关键能力、必备品格与价值观念，一个具有学科核心素养的人，应表现出关于学科思维和学习方法的良好习惯，这种习惯是由长期训练而来的，它富有底蕴且自然显露。学科知识是学科核心素养形成的主要载体，学科活动则是学科核心素养形成的主要路径。首都师大附中北校区各年级各学科设计的学科活动正是以学科素养为核心，遵循实践性、思维性、自主性、教育性和学科性五大特征，构建学科育人的整合机制，引导教师从关注教什么到关注为什么教，从注重共同基础到关注个性需求，从注重学科逻辑到关注生活逻辑，深入理解"成达教育"内涵，实现学生全面而有个性的发展，进一步完善"四修"课程体系。

校本选修是"四修"课程体系的重要组成部分，北校区围绕学生发展素养开发校本选修，课程开发和选择采用双自主模式：教师自主申报、学校审核发布，学生自主选择课程、教师组织实施。双自主模式一方面调动了教师开发课程的积极性，扩大了选修课的供给量；另一方面也保证了学生选择课程的自主性，满足不同学生的发展需求。

九、首都师大附中实验学校

首都师大附中实验学校传承首都师大附中"四修"课程体系，以系统且科学、均衡且综合、开放且自主、协同且发展为原则，结合学校教育教学实际进行了初步的课程体系构建。

学校构建"基础通修+兴趣选修+专业精修+自主研修"的课程结构，建设"博闻广见、卓有通识、内外兼修、知行合一"的学校课程体系，形成长短课时相结合、行政班与教学班相结合、分类指导与分层教学相结合的多样化课程组织形式；突出创新性、综合性、实践性、开放性和可选择性，逐步形成注重人文素养、突出科技教育的学校教育特色，促进学生全面而有个性的发展，促进教师素质的整体优化，促进学校教育教学质量的不断提高。最终培养"德才兼备、全面发展、学有特长"的创新人才，落实"正志笃行、成德达才"的办学理念。

根据"正志笃行、成德达才"的办学理念，学校重新构建了小初高一体化课程体系，在保证课程内容基础性、综合性、时代性和发展性的基础上，满足学生课程多样性和选择性的需求。

纵向划分为课程层次，依次为基础通修课程、兴趣选修课程、专业精修课程和自主研修课程。横向划分为课程系列，依次为综合系列课程、创新系列课程、社会系列课程和国际系列课程。根据实验学校学生的认知水平和知识的深广度，目前以校内教师为主，以校外教师为辅的师资团队研究、开发形成了"社会课程、综合课程、创新课程、国际课程"四大课程系列。社会系列课程是指根据立德树人、融入社会主义核心价值观教育、增强学生社会责任感的精神要求，开展一系列能够让学生参与志愿服务和社会实践的体验类活动群。综合系列课程旨在夯实各个学科和领域知识的基础上，强调各学科的纵向视野和学科间的横向联系，帮助学生建立"既见树木，又见森林"的完整、综合、图谱化的知识结构，并能够综合运用以解决问题。创新系列课程是指根据培养高素质拔尖创新人才的要求，系统构建以培养学生创新精神、创新意识、创新思维、创新能力为核心的创新课程群。国际系列课程是指根据培养学生未来具有参与国际事务和国际竞争能力的要求，以及向世界传播中国文化的精神，而开设的一系列的以增进学生世界文化理解水平与国际交流能力的国际课程群。

十、首都师大附属实验学校："五育"课程体系

首都师大附属实验学校校以"成德达才"育人理念为核心，提出"尊重生命成长，促进人的发展"办学理念，即尊重教育规律、尊重学生的身心发展规律、尊重学生的人格、尊重人才的成长规律、尊重教师的知识、劳动、创新精神，从不同层面尊重学生不同的发展。围绕"五育并举"的新时代要求，学校以尊重教育为领航，以"全面成长，个性发展"为总目标，构建起服务他人、学以致用、快乐生活、和谐发展、劳动创新五个方面的"五育"课程体系。其中，"服务他人"强调的是"德"，在知行合一、责任义务上实现个人价值和社会价值的统一，培育明德、笃行、协作、担当的核心素养；"学以致用"强调的是"智"，促进学生与生活的联系，锻炼学生学以致用的自主、建构、实践、创新的能力；"快乐生活"强调的是"体"，注重学生身心健康，实现运动、保健、悦己、纳人获得愉悦生长；"和谐发展"强调的是"美"，在德、智、体育中融入美，在美育中升华，在欣赏、创作、品味和创造中体现学校的美育特色；"劳动创新"强调的是"劳"，准确把握新时代劳动教育的育人导向，在创新创造性劳动中体验智能生活的乐趣，达到"以劳树德、以劳增智、以劳健体、以劳溢美"的素养。

第四章

活动育人　资源共享

第一节　德育课程推广

近年来，国家教育发展与教育改革同频，改革的深度嵌入成为教育发展的强大内部动力。同时，国家和社会对于教育质量的衡量标准也不断提高，一般意义上的传统"唯分数论"已经不能涵盖对学校教育教学质量的整体评价。教育资源的优质均衡发展力图的教育质量的整体提升，不仅在于所谓的分数，更加注重学生综合素质的培养，强调与时俱进，而且需要在每所学校有所体现。

首都师大附中以办负责任教育、办有质量教育为发展目标，全面落实"立德树人"根本任务，全面开展教育教学综合改革，着力构建"德、智、体、美、劳"五育并举的全面育人体系，其中包括"四修"德育课程体系。近年来，学校重点构建"成达五育"育人体系，坚持五育并举、协同育人，将"德、智、体、美、劳"具象化，即培育学生的"仁爱之心""睿智之脑""健康之体""发现之眼""创造之手"。

一、"四修"德育课程体系的构建

（一）"成达教育"德育课程体系的顶层设计

首都师大附中建校初期，北平首任市长何其巩曾为学校题词"成德达才"。在百年的办学历程中，"正志笃行、成德达才"的教育理念被不断传承发扬。在国家倡导"立德树人"的今天，依然具有很强劲的生命力和鲜明的时代特色，首都师大附中的"成达教育"应运而生。

"成达教育"致力于将学生培养成为自觉践行社会主义核心价值观，具有高度社会责任感、自信坚毅的品格、品德优秀、才能通达的创新人才。具体表现在培养学生：一种意识，即责任担当意识；两种精神，即勇于探索、团队合作精神；三种能力，即自主学习、动手实践、创新思维能力。

为落实"立德树人"根本任务，实现成达教育培养目标，2014年学校全面开启"四三二一"教育教学综合改革，即四修课程体系、三维管理体制、两项基本原则、一个核心目标。改革涉及课程设置、管理体制、育人模式、创新实践等多个方面，以适应国家对人才的培养需求，努力让每位学生都能实现自主发展、全面而有个性发展和可持续发展。

（二）"成达教育"德育课程体系的整体框架

课程建设是国家意志和学校办学理念的集中体现，也是落实学校培养目标的重要载体。按照"育人为本、以德为先"的指导思想，2011年首都师大附中开始构建课程体系，课程建设的总目标——以国家课程的高质量校本化实施为基础、精品特色校本课程的开发为补充，构建与学生内在发展需求相一致的"基础通修+兴趣选修+专业精修+自主研修"课程体系，从大课程观角度，把德育纳入其中，让"教书"和

"育人"相统一，更好地实现全员育人、全程育人、全方位育人。

德育课程是指将一定德育内容融入课程来进行组织实施，包括课程设计、组织实施、课程评估等，有明确的课程目标、课程内容、课程实施的方法路径和相对固定的课时。德育课程的根本任务是对学生进行系统的思想道德教育，使学生养成良好的品德和行为习惯。在学校"成达教育"培养目标的引领下，基于学校"四修"教育教学课程体系，不断丰富完善德育的教育内容、活动方式和评价反馈等，注重发挥德育的根本性、引领性作用，并将智育、体育、美育、劳动教育渗透其中，已逐步构建了科学、系统、规范和相对稳定的"四修"德育课程体系（图5）。

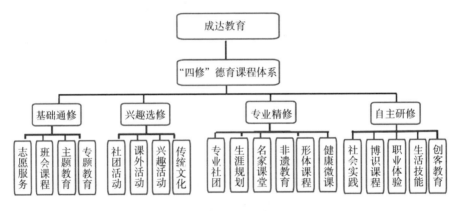

图5　"四修"德育课程体系

1. "通修"夯实思想基础

基础通修面向全体学生，以思想道德教育为根本，以爱国主义教育为核心，渗透社会主义核心价值观教育，完成理想信念的"底色填充"，主要涉及志愿服务、班会课程、主题教育、专题教育四个模块，开设了纪念"一二·九"远足、国旗下演讲、开学第一课、入学教育、国防教育、法制教育、青春期教育等通修课程。

2. "选修"激发内在潜能

多元智能理论认为，大多数人都能在一两种智能方面有出色的表现，所以每个人都有相应的成功领域。新一轮课程改革中一个重要的变革就是以学科知识体系为导向转变为以学生的成长发展为导向。学校要从学生的发展需求出发，开设丰富多样的德育选修课程供学生选择，主要包含社团活动、课外活动、兴趣活动、传统文化，涵盖艺术、体育、科技、劳动等多个领域，通过课程激发学生潜能，让学生发现自己的长处、找到自己的热爱，为学生树立志向奠定基础，进而激发学生的奋斗精神。

3. "精修"积淀成才品质

专业精修课程为学生搭建了个性化、专业化的发展平台，让有兴趣专长的学生能够投入更多精力专注于专业水平的提升。专业精修课程加深了学生对专业知识的理解，为学生进入大学专业学习和特长发展奠定了坚实的基础，并为学生的成长、成才做好文化滋养、品格塑造、工匠精神、价值观引领等内在品质的积淀，主要包含专业社团、生涯规划、名师讲堂、非遗教育、形体课程、健康微课等模块课程。

4. "研修"增强道德体验

自主研修课程是推动学生自主学习、自主探究、加深道德体验的课程。课程由课内延伸到课外，学生由校园走向社会，在多维、生动、真实的实践场景中将社会主义核心价值观内化为精神追求，外化为行动自觉，激发学生服务社会、报效祖国的远大志向，培育学生勇于探索和团队合作精神，提升学生解决问题和创新实践能力。课程主要包含社会实践、博识课程、职业体验、生活技能和创客教育等。

二、德育课程体系的实施

德育课程体系建立之后，最关键的就是如何实施，首都师大附中按以下原则开展具体实施工作。

（一）发挥教师的主导性

教育是以生命点亮生命的事业，教师是学生的引路人，教师在德育课程实施中应充分发挥主导性作用。只有教师科学引导、率先垂范、积极探索，德育课程才能起到应有效应。德育的根本落脚点是知行合一，为了在提高学生道德认知水平的同时，让学生获得积极的道德情感体验，学校组织教师团队基于学生生活实际、利用各种德育资源，对课程思想、课程目标、课程内容和课程评价等进行整体设计，研发编制出《博识课》《高中综合实践》《入学教育》《国防教育》《纪念一二·九远足活动》《志愿服务》《法制文化节》《校长邀你听讲座》等课程手册，教师依据手册指导学生有效开展各项活动。

（二）凸显学生的主体性

在一般的知识或技能学习方面，一定的强制或压力也许会有一定的效果，但是侧重培养学生情感、态度、价值观的德育课程，如果没有对学习主体的了解与尊重，就不可能取得应有的效果；如果没有学生主体自觉自愿的参与，就不可能有道德真正的发展。充分发挥学生主体性是德育课程最根本的特色。根据学生不同阶段的身心特点、认知水平和发展需求，开设多样的德育课程，提供丰富的教育内容，使学生作为学习者的同时兼具了参与者、体验者、探究者角色。例如，2017 年首都师大附中与北京市第一中级人民法院共同创建了首个专门针对中学生的"首都师大附中青少年法治教育基地"，这一基地的建成，有效整合了校内外法治教育资源，丰富了法治教育参与的主体、内容和形式，促进持续开展的法治专题教育课程趋于完善。在课程配套的法治文化节活动中，学校针对不同年级学生身心特点开展相应活动：初一年级学生注重感受认知，绘制法治手抄报；初二年级学生注重逻辑思辨，开展法治演讲比赛；高一、高二年级学生注重知行合一，由学生自行编剧、导演、出演的校园法治微电影《默》正式上线，人大法学院教授为高二年级开设《宪法与公民生活》讲座；高三年级学生注重成人教育，毕业典礼安排了学习宪法、宪法宣誓环节，并为每位高三毕业生赠送了宪法手册。以学生需求为导向而精心设计的系列活动，让学生对知法守法有了更深刻的感悟，从法治的受教育者变成法治理念的传播者、实施者。

（三）注重活动的持续性

道德教育是对学生心灵长久持续、润物无声的渗透，而学生的道德学习则是一个动态的、连续的探索实践过程。通过持续开展系列化德育课程，帮助学生系统、全面、深刻地认识事物，形成正确的价值观和良好的道德品行，达到对学生思想品德教育内化于心、外化于行的目的。基础通修中的"国旗下演讲"，自2014年每学期都结合时代要求、学生实际，围绕"英雄""长征精神""奥运精神""行为规范"等不同主题，精心设计并以系列化的方式展开，使社会主义核心价值观教育落到实处。自1986年香山植物园一二·九烈士纪念亭落成起，校团委每年组织高一学生进行纪念"一二·九"运动远足活动，至今已坚持35年。无论冰雪严寒，还是北风呼啸，都没有动摇和阻挡过附中学子们前进的步伐，是学校一项传统特色的爱国主义教育活动。35年的坚持，不仅是一个活动的坚持，更是对一种理念和精神追求的坚持，一种责任和使命的传承。

（四）增强内容的综合性

进入新时代，对学生综合素质的培养尤为重要。在有限的德育课程时间内，为丰富德育内涵，开阔学生视野，使学生获得多方面的情感和

实践体验，德育课程的内容必然要从单一性走向综合性。特色校本课程
——博识课，以"博闻广见、卓有通识，内外兼修、知行合一"为基
本理念，是一门包含参观访问、专家讲座、交流探讨、实践操作、论文
撰写等环节，融自然科学与人文科学为一体，兼有学科融合、研究性学
习、社会大课堂性质的综合课程。每周安排约 4 学时，带领初中学生走
进各类场馆或名胜古迹，让学生不断接触祖国深厚的文化积淀和最新的
科技发展成果，为学生建立良好的素质结构打下坚实的基础。采用课前
培训、场馆上课的形式，课后学生以撰写论文、调查报告、交流展示等
形式呈现学习收获。经过多年的探索，博识课已逐步实现了主题系列
化、课程常态化、指导专业化、学生自主化，形成了成熟的课程操作规
范及效果评价体系。学校本着为每位学生负责的宗旨，将博识课的 240
多个学时、十大系列 30 个主题设计得精彩纷呈。2015 年，博识课向高
中延伸，每年安排一周时间组织高一、高二全体学生开展 10 多个线路、
多主题的京外综合实践课程学习。学校与中科院合作，依据学生的特点
和实际，有机整合当地自然、历史、人文景观，设计开发综合实践课
程，让学生体验科学探究的同时，培养人文情怀，如在课题研究过程中
让学生体会到了肩负的科技强国重任；在合肥渡江战役纪念馆等地，学
生受到了最直接的爱国主义教育；在敦煌莫高窟等地，学生不仅看到了
祖国的壮美山河和灿烂的文化遗产，更是感悟到了无数先驱的敬业和努
力；在与贫困学校的交流中，学生认识到国家还有很多地方需要我们去
建设。博识课和高中综合实践课程，使学生眼界不断开阔，综合素质不
断提高，这一方法改变了人才培养的单一模式，拓宽了人才培养渠道，
实现了分数与素质的双赢。

三、德育课程的实施保障

教师是德育课程的直接实施者，充实德育队伍力量，创新育人管理机制，是德育课程体系实施的有力保障。为配合学校"四修"课程体系建设，顺应学生成长的实际需要，更好地落实全员育人理念，学校大力推进管理方式、育人模式的变革，构建了学长学部制、分层走班制和固定班级制相结合的三维管理体制，与此同时，班级制、导师制、学长制相结合的三维德育管理模式应运而生。

（一）"班级制"发挥班主任核心作用

在管理体制改革中，遵循教育规律，并充分考虑国情校情，学校在分层走班教学的同时，仍然保留了固定班级。作为一项优良的教育传统，班主任仍然是思想道德教育的重要实施者，行政班仍然是学生建立归属感、获得道德情感体验的重要载体。在德育课程实施中，班主任的悉心指导，班主任核心作用的发挥，有利于德育课程落地，更能够发挥德育功效。

（二）"导师制"实现导师的助推作用

中学生处于个性形成与发展的关键时期，迫切希望得到教师的密切关注与及时指导。目前教师的"教"与"育"发展不平衡；班主任包揽班级所有管理，而对学生的发展指导不足；在分层走班背景下，班主任对班级情况掌控弱化等是改革中普遍存在的德育难题。作为班级管理的重要补充，首都师大附中实行了全员育人"双导师制"，在保留行政班班主任的基础上，再为学生配备导师，全体教师参与，面向每一个学生，每个导师带8~15名学生，形成的导师团队是有别于行政班、分层教学班的又一师生集体。在"双导师制"中，班主任作为班级的组织者与管理者，侧重开展班级教育管理工作；导师作为学生的个体指导者，从激发学生的内动力入手，侧重了解、掌握每个学生的个性特点和具体情况，围绕思想、学习、生活三个方面，通过完成每月召开一次会议、每月开展一次活动、每学期对学生两次评价、每学期与家长联系沟通两次、随机与学生个别谈话五项的工作任务，对学生进行针对性的细致指导。每个月有一节班会课是由导师带领团队组织实施，导师从学生的兴趣爱好与需求出发，结合自身优势，开设成长分享、读书沙龙、户外拓展、传统文化、心理调适、生涯规划、家校共育等德育课程。"双导师制"通过以学生发展指导为核心的管理机制创新，引导教师由学科教师转向学生导师，使教师真正成为学生成长和发展的指导者，在德育课程实施中起到了很好的助推作用。

（三）"学长制"激发学长的示范作用

同伴的影响对学生成长尤为重要。面对低年级学生的成长困惑，利用同辈辅导的优势，从2016级高一年级开始，系统开展学长制工作，组建学长团，对低年级学生进行心理疏导、学业示范、课程指引、生涯导航等方面辅导。学长团由综合素质突出、实践经验丰富的在校高年级或已经毕业的优秀学长组成。每次活动前，根据不同的主题和内容组建不同的学长团，教育处对学长进行培训，低年级学生与学长建立联系并向学长反馈需求，学长据此准备辅导内容，教育处把关，学长辅导后，及时进行效果评估与反馈。通过怎样适应高中生活、"一二·九"远足课程行前辅导、综合实践课程攻略传授、春之声原创合唱节经验分享等一系列学长辅导活动，发挥学长的传帮带作用，加深了学生对课程的理解，激发了学习欲望，避免了无谓的弯路，丰富了收获和体验，提升了课程的质量和效果。

综上所述，班级制、导师制、学长制三维德育管理模式，促使多种人员相互配合，为学生的发展建立了全员、全程的支持保障系统，探寻到了一条培养"让每位学生都成为更好的自己"的途径。

四、"四修"德育课程的推广

作为教育合作共同体，德育课程也迅速在首都师大附中教育集团中得以推广，得以在更广泛区域内普遍实践。结合区位优势和校情学情，各成员校在引进"四修"德育课程的同时进行了适配和优化，形成自身独特的育人文化和德育课程，在更广范围内实现全员育人、全过程育人、全方位育人。

依托首都师大附中的课程引领，首都师大附中一分校开发了十大德育课程，包含博识课程、科创课程、礼乐课程、教育戏剧课程、红十字探索人道法课程、心理健康课程、生涯规划课程、名人名家进校园课程、校长邀你听讲座课程和国旗下演讲课程。首都师大附中大兴南校区也建立了仪式课程、传统节日课程等德育课程，提升学生民族自豪感和文化自信。首都师大附中大兴北校区构建了"成达+育人体系"，确立了课程和活动两条主渠道，育人课程包含基础必修、贯通发展、能力拓展、自主研修四大类课程；育人活动包括主题班会展评、校园之星评选、养成教育活动和校园艺术节四大类活动，形成了以学校为主体、以社会为平台、以家庭为基础的三位一体管理模式。首都师大附中二附中"立仁弘美"的德育课程，紧密围绕学校的办学理念和育人目标，立足本校资源和教育环境，以核心德育课程和不同模块课程进行模块化组合设计，为学生发展提供了多样化的选择，同时把德育特色课程开发作为德育特色创建的突破口，从而形成学校德育建设的特色。首都师大附中通州校区秉承百年附中"成德达才"的育人理念，恪守"自觉、勤奋、求实、创新"的校训，坚持教育与教学相统一，提出了"面向全体、关注个体"的德育工作思路，搭建了养成教育、主题教育、活动育人、学科育人、家校育人的德育课程体系，培养德智体美劳全面发展的社会主义建设者和接班人。首都师大附中北校区德育工作坚持育德为先，育人为本，一直将"正志笃行、成德达才"作为追求目标。德育形式体现"全方面育人、全过程育人、全员育人"，以"五德润身，四端正心"为德育主线，以养成教育为抓手，以学生的日常行为规范教育为基础，加强对学生的思想道德、行为规范和礼仪常规教育，坚持突出重点，注重实效地开展德育工作。学校围绕校园文化建设，积极开展各类主题教育活动，使学生学会做人，学会求知，学会生活，学会劳动，学会健体，学会审美。首都师大附中实验学校也将德育融入"四修"课程中，在社会系列课程中根据立德树人、融入社会主义核心价值观教育、增强学生社会责任感的精神要求，开展一系列能够让学生参与志愿服务和社会实践的体验类活动群，满足从自然人向社会人转变的教育本质，锻炼学生社会实践能力，培养具有爱国主义的民族精神、有社会担当的社会化人才。另外，在社会实践活动、社区和志愿者服务、研究型学习等综合性课程和校本课程中融入德育元素，提高学生的科学素养和人文素质。首都师大附属实验学校围绕"全面成长，个性发展"的总目标，从德智体美劳全面培养的角度建构学生发展体系，充分尊重个体的实际情况，尽量体现基础教育阶段特点，充分考量国家发展学生核心素养，在服务他人、学以致用、快乐生活、和谐发展、劳动创新中让生命绽放。

第二节　传统特色活动

首都师大附中的传统德育课程和文化活动，也在各个分校实现了本土化。其中，附中坚持开展 35 年的"一二·九"远足作为新生的必修课在多个分校开展；书香校园的建设也让集团校的学生都享受到了轻松阅读的乐趣；"校长邀你听讲座"活动、"春之声"主题展演活动、"振兴杯"等深受学生喜爱的传统活动也在各个分校得到传播。

一、"一二·九"远足主题团日活动

自 1986 年开始，每年在 12 月 9 日来临之际，学校团委都会开展纪念"一二·九"学生爱国运动远足活动。活动开展前，根据学校下发自主编制的《纪念"一二·九"主题团日活动课程手册》，学生将进行理论知识学习，包括识记新民主主义革命的特点，探究"一二·九"运动对于中国革命的意义，培养学生的集体荣誉感，锻炼学生的自主学习和团结协作的能力，践行社会主义核心价值观。活动开展过程中，在 18 公里的远足路途上，通过精心设计的历史知识竞赛、演讲比赛、总结反思等环节进一步进行爱国主义教育，让学生明确"担青年之责，承家国之情"的历史使命。此外，附中相关教师还将 35 年来从未间断的"一二·九"运动远足活动相关文稿编订成纪念册。35 年坚持开展该项活动，传达的是一种价值理念和精神追求，传承的是一种责任担当和历史使命。这对新时期、新形势下，青少年继承和发扬勇于担当，不畏牺牲的伟大爱国情怀起到了良好的促进作用。

35 年光阴，16518 人次，297324 公里，这是一条承载着责任与担当的爱国之路，也是历经两代人的品德之路。为了继承和发扬"一二·九"运动中青年学生勇于担当、不畏牺牲的伟大爱国情怀，首都师大附中从 1986 年起，坚持举办"一二·九"远足主题团日活动已有 35 年，当年从爱国运动生根发芽而出的家与国、学知和品德、个人和集体，就在这样一场脚踏实地的活动中，凝聚在了一起。"牢记使命、肩负责任、勇于担当"已成为首都师大附中文化血脉中最宝贵的养料和财富。

首都师大附中教育集团各校也将纪念"一二·九"运动爱国主义

教育活动融入学校德育实践中。例如，首都师大附中昌平学校每年由国防大学东门出发，学生历经 2 小时 10 分钟的远足到达北京香山植物园"一二·九"运动纪念亭，开展演讲、合唱歌咏、重温入团誓词等主题教育活动；首都师大附中实验学校和北校区也根据学情积极开展纪念"一二·九"抗日救亡运动 85 周年主题教育活动，激励当代青年树爱国之心、立报国之志。

二、"校长邀你听讲座"

自 2011 年 9 月起，首都师大附中以"校长邀你听讲座"的课程形式，邀请社会名家进校园与学生面对面沟通交流。内容涉及艺术赏析、军事战略、人文历史、科技信息、金融经济等多个领域，具体见于表 3~表 7。通过量身定制与自主选择的双课程模式，满足了学生的需求，保证了课程的效果，增强了学生获得感。在大讲堂里，名家大师阐述前沿知识，播散理想信念，渗透价值观教育，激发了青少年的梦想，为学生树立了人生榜样。该课程已经成为学校落实"成德达才"育人理念、践行社会主义核心价值观的重要平台。

（一）人文社科类

表 3 "校长邀你听讲座"人文社科类

讲座内容	时间
首都师范大学音乐学院副院长田培培教授 《走进舞蹈艺术》	2019 年 9 月 25 日
青少年博物馆公共教育推广人，全国青联委员、北京青联委员张鹏 《博物馆里的中国记忆》	2018 年 10 月 16 日

续表

讲座内容	时间
知名历史学者蒙曼教授 《唐诗的天空》	2018 年 3 月 29 日
北京市第一中院未成年人案件综合审判庭审判长赖琪 《青少年法制教育讲座》	2018 年 1 月 25 日
中国人民大学法学院张翔教授 《宪法与公民生活》	2017 年 12 月 7 日
首都师范大学博士生导师段启明教授 《红楼解梦》	2017 年 3 月 23 日
开国上将赵尔陆之女赵珈珈老师 《长征胜利 80 周年之际长征精神系列讲座》	2016 年 11 月 24 日
开国少将左齐之女左凌老师 《长征胜利 80 周年之际长征精神系列讲座》	2016 年 11 月 11 日
清华大学林炎志教授 《沿着先辈的足迹前进之纪念一二·九运动》	2015 年 11 月 26 日
"昆曲清口"第一人吕成芳老师 《当莎士比亚遇上汤显祖》	2015 年 11 月 13 日
著名主持人知心姐姐卢勤 《从理解谈感恩》	2012 年 12 月 2 日
著名京剧艺术家、京剧荀派传人孙毓敏 《京剧艺术与传统文化》	2012 年 11 月 18 日
中央芭蕾舞团大师李刚 《走进芭蕾》	2012 年 9 月 28 日
当代著名作家梁晓声 《思考与想象》	2011 年 11 月 25 日

（二）理工科技类

表4 "校长邀你听讲座"理工科技类

讲座内容	时间
央视主持人徐丛林、孙凡迪，气象分析师王天琦、李宁 《气象主播进校园，暑期防灾智慧行》	2019年7月6日
中国科学院植物研究所刘永刚工程师 《植物标本的采集与制作》	2018年5月23日
清华大学航天航空学院党委书记李俊峰 《小行星探测》	2018年1月5日
香港中文大学（深圳）副校长朱世平 《先进智能高分子材料的制造与应用》	2017年10月20日
中国科学院院士、第三世界科学院院士、 美国工业与应用数学会会士林群先生 《图解、数解微积分》	2016年3月17日
中国科学院院士、第三世界科学院院士、 香港中文大学理工学院教授唐叔贤先生 《向大师致敬：想别人所未想，从平凡中发现不平凡》	2016年3月10日
中国自然科学博物馆协会名誉理事长李象益教授 《做一个有理想，有社会担当、具有全新思维的人》	2015年3月20日
北京师范大学化学学院副教授、硕士生导师魏锐博士 《如何由实验观察提出科学问题》	2014年10月24日
国家纳米科学中心副主任、博士生导师王琛教授 《纳米技术点滴》	2014年10月21日
国内著名的恐龙古生物科学家徐星教授 《寻找恐龙》	2014年9月19日
"英雄航天员"景海鹏 《梦在心中，路在脚下》	2013年10月24日
中科院物理所陈贺能教授 《心怀高尚，锐意创新》	2013年3月29日

（三）军事题材类

表 5　"校长邀你听讲座"军事题材类

讲座内容	时间
著名军事专家房兵 《百年未有之大变局——大国战疫背景下的大国博弈》	2020 年 6 月 1 日
海军某研究所研究员曹卫东大校 《中国海军战略转型与建设海军强国》	2015 年 12 月 11 日
解放军军事装备学院的张雅声教授 《军用卫星技术》	2015 年 11 月 20 日
解放军军事装备学院的张雅声教授 《军用卫星技术》	2015 年 11 月 20 日
著名军事专家房兵 《百年航母》	2012 年 9 月 22 日

（四）生涯规划类

表 6　"校长邀你听讲座"生涯规划类

讲座内容	时间
JA 中国资深志愿者钱进 《创业创新，让自己变酷一点》	2019 年 10 月 18 日
中国工程院院士周立伟 《志存高远，脚踏实地》	2018 年 6 月 19 日
水木九天科技有限公司董事长王晓庆 《我用创业证明我曾来过这个世界》	2017 年 12 月 22 日
新航道国际教育集团副总裁、美籍口语教学专家王渊源 《一个美国青年的中国梦》	2013 年 12 月 13 日

续表

讲座内容	时间
新东方教育集团董事长俞敏洪 《我的高中生活》	2012 年 6 月 21 日
北京市青少年法律与心理咨询服务中心主任宗春山 《生涯规划》	2011 年 11 月 19 日
中国心理卫生学会大学生心理咨询专业委员会理事蔺桂瑞教授 《描绘你的人生蓝图——职业生涯规划》	2011 年 3 月 17 日

（五）生命健康类

表 7　"校长邀你听讲座"生命健康类

讲座内容	时间
北京市教科院课程中心王红丽老师 《筑梦未来——高中生的选择与生涯发展》	2019 年 12 月 20 日
北京大学心理学博士、中国教育发展战略学会心理 教育专业委员会委员陈虹教授 《积极语言在家庭教育中的应用》	2019 年 11 月 21 日
朝阳区疾控中心郭向晖科长 《关注口腔健康，提升生命质量》	2017 年 12 月 7 日
同仁医院眼科苗伟丽教授 《青少年近视防护》	2017 年 12 月 22 日
北京体育大学运动医学博士单威老师 《青少年身体活动与损伤预防》	2015 年 11 月 10 日

首都师大附中一分校在其德育课程体系中重点打造了名人名家进校园课程；北校区先后邀请了一批著名的专家学者和先模人物，附中优秀教师也成了走进分校学生的专家队伍之一。课程拉近了名人名家与学生之间的距离，使其感受到了名人名家渊博的知识阅历和独特的人格魅力，开阔了学生的视野，提高了学生的人文素养。

三、"春之声" 主题展演活动

"春之声"主题展演活动分为合唱节和音乐剧两种形式交替进行，是首都师大附中学子每年备受关注和期待的活动之一。每年的主题不一，2017年"春之声"合唱节以"不辍的弦歌"为主题，要求各班通过诗词曲赋的二度作词与谱曲进一步传扬中华优秀传统文化；2018年"春之声"音乐剧展演以"课本也顽皮"为主题，同学们以课文为参考，再精心设计改编，让原作焕发了新生。无论是导编演、声光电，或歌舞联排、舞美创意，都汇聚了每个人经验的沉淀、智慧的凝思，创造了一个如梦似幻的舞台；2019年"春之声"合唱节以"我和我的祖国"为主题，旨在教育青年一代不忘历史，以先辈为榜样，接过时代的接力棒，认真履行青年人应负的时代使命。附中学子必谨记"舍我青年，大任更谁肩"的教诲，用自己创作的青春作品，唱响新时代的华夏乐章，展现新时代的青春风貌。

另外，"春之声"合唱比赛也在首都师大附中教育集团各成员校中如火如荼地开展起来。一分校、大兴北校区、昌平学校、通州校区和北校区等学校学生也用嘹亮的歌声讲述动人故事，传承革命精神，展示良好的精神风貌。

四、学校运动会、"振兴杯" 体育赛事

"振兴杯"面对全校非毕业高中年级，分为足球赛和篮球赛。应学生们所需，平时也会不定期举办篮球、排球等赛事。这些活动丰富了学生的课余生活，也在对荣誉的争夺中增强了团队和班级的凝聚力。

为了增强学生的体质，活跃课余生活，学校历年重视广泛开展学生

喜爱的体育运动。一年一度的学校秋季运动会附中学子展现自身运动风采、创新精神和班级凝聚力的重大活动。在运动会中,入场式主题鲜明,充分发掘优秀传统体育精神,结合蹴鞠、投壶等中华传统体育项目进行各具特色的展演。此外,学校还积极开展迎新年接力赛、"振兴杯"篮球赛和足球赛、环湖越野赛等传统体育活动,切实提升了学生的身体素质和体育能力。学校篮球队不断取得进步,在北京青少年锦标赛、全国初高中篮球联赛等比赛中均取得了优异成绩,学校被教育部连续多年评为全国青少年校园篮球特色学校。此外,学校多个学生体育代表队在北京市运动会、海淀区秋季田径运动会等比赛中屡获佳绩。

培育学生"健康之体",也在集团各成员校的体育活动中得以继承与发展。一分校开展多样体育活动,如篮球赛、运动会、拔河比赛、广播操比赛、趣味运动会等;昌平学校积极开展"体育嘉年华",提升学生身体素质;通州校区每年四月的奥森公园环湖越野跑、九月的运动会、十月的"振兴杯"篮球赛能够充分发挥体育运动的魅力,帮助学生提高身体素质的同时,也能加强体育运动素养。

五、学生节

在首都师大附中,学生节是休现附中情怀,凝聚各班力量,真正属于学生们的活动之一,短短几年间,带给学生无数难忘而又美好的回忆。两年一次隆重举办的学生节由学生会承办,全体学生参与,精心设计不同的主题,如"虹""踪迹""致青春"等。活动现场,各班支起蔚蓝的帐篷,展出各种饰品、徽章、创意T恤等,学生们八仙过海,各展所能。另外,还有各个社团多彩的活动、美食街、真人CS、创意舞会……学生节在附中的踪迹,附中在历史长河中的踪迹,都不知不觉在学生心里留下烙印。

六、读书节

每年一度的读书节吸引了诸多学子的驻足，是附中学生的一场精神盛宴，有学生将其誉为"在百年学府内赶一次最具新潮的文化大集"。在读书节开幕式中，学生携着书卷走进"朗读亭"，用铿锵有力的朗诵领略诗歌的魅力；将存放在高耸书架上的旧书变作漂流瓶，让更多的人分享。电子图书借阅、VR 交互式体验等新形式的活动，让参与者也感受科技阅读的魅力，还有猜谜、手绘书签等活动及文创作品展。学校还邀请金牌阅读推广人，在成达厅为学生带来"博物馆里的中国记忆""链接博物馆的课堂"等主题讲座，积极传递"在阅读中行走，在行走中阅读"的学习力量。

每年的"4·23 世界读书日"期间，北校区会举办"校园读书节"系列活动，目前"读书节"已经举办了三届。在读书节期间，图书馆与艺术组、语文组、学生发展中心等相关部门合作，推出丰富多彩的活动，如书签设计大赛、经典名著读后感征文、古典诗文 MV 设计制作展示。在新冠病毒肺炎疫情期间，北校区还开展了"线上读书节"、推出"我家书架"介绍、"云游书海——世界知名图书馆盘点"等系列活动，还用公众号的形式展示了活动成果，得到了学生、家长和校领导的一致好评。

七、学科节

【法治文化节】自 2017 年开始，连续两年的 12 月 4 日国家宪法日前后，首都师大附中都会举办为期一周左右的"法治文化节"。学校将课内外、校内外、线上线下各种资源有效整合后，打造了特色系列活动：宪法故事展板和宪法知识竞答、初中法治手抄报、走近法官职业、宪法学专家讲座、法治演讲比赛、法治微电影等。值得一提的是，2018年校园"法治文化节"期间，学校创新法治教育形式，联合政治组、信息中心和学生记者团青春基地，共同拍摄了法治短片《默》，荣获海淀区中小学校园影视作品评比一等奖，剧本改编自北京市一中院青少年审判庭真实案例，有效提升了法治教育效果。

【艺术季】自 2012 年开始，首都师大附中开始举行一年一度的艺术季。艺术季每年的主题不一，注重传统书画作品与非遗作品的创作与展示，主要分为艺术展览和艺术体验两大活动进行。艺术展览主要展示学生和教师在美术课堂及课外社团中创作的优秀作品，展览内容丰富多样，包含软陶、扎染、篆刻、工笔画、扇面画、油画棒画、漫画、石头画……令人目不暇接的作品让学生沉浸于浓郁的艺术氛围之中，感悟美的力量。在艺术体验活动中，学校曾组织学生进行了"井色宜人"校园井盖彩绘大赛、书法作品大赛、剪纸大赛等丰富有趣的活动，充分展现了附中学子的艺术功底和创新能力。

【历史文化节】首都师大附中历史文化节由学校历史教研组主办，自 2017 年开始开展，如今也成为深受学生喜爱的校园品牌活动之一。以 2018 年第二届历史文化节为例，本届活动包括昆曲意境、空竹往事、考古与盗墓、深度阅读和面塑沧桑五大主题活动，旨在丰富学生课余生活，营造良好的学习氛围，提高人文修养，增强动手能力，充分体现了学校深厚的历史底蕴和人文情怀。活动现场，来自考古问今社、灼华汉服社的同学们展示出中国传统礼仪和中国香文化，师生共同参与拓印技术、兔爷绘制、面塑等体验活动。此外，历史教研组教师还邀请了昆曲艺术大师现场演绎精彩片段、进行知识讲座，非遗传承人传授抖空竹技巧，组织开设考古科学讲座，为学生们带来了历史文化盛宴。

以学科核心素养为核心开展的学科教育活动也在集团内部有着广泛

的影响力。在总校的指导下，一分校、二附中、昌平学校和北校区都积极开展了法治教育，开展法治文化节活动，采取宪法知识宣传、法治主题班会、观看模拟法庭与聆听法治讲座、宪法文本晨读等不同形式，全校营造学法、知法、懂法的浓厚氛围，让法治理念深入学生心里，引导学生规范自身行为，致力于未来做一名守法的公民。通州校区建校以来，一直坚持活动育人，搭建了青年节、读书节、科技节、艺术节、体育节、国际文化节、传统文化节"七大节"。

第三节　学生共同培养

一、学生统筹培养

教育的核心是促进人的发展，真正的教育应该能够满足每个学生个性发展的需求，为每个学生的终身发展奠基。首都师大附中始终以培养品德优秀、才能通达的创新人才为目标，实现全员育人、全过程育人、全方位育人。

为了让集团内学生感受到原汁原味的名校教育理念，教育集团开通了总校初高中联合培养"留学"直通车，让分校学生有机会共享优质教育资源，强化特色培养。近年来，各分校数百名学生从总校学习、跨校选课中获益，取得了优异的成绩；教育集团统筹安排分校学有余力的学生与总校学生共同学习专业精修课程，接受总校学科竞赛金牌教练的指导，帮助他们在竞赛及自主招生方面实现成绩的迅速提升。

建校初，永定分校处于门头沟初中校的下游，面临优秀生源流失的问题。2013 年，教育集团开通首师大附中初高中联合培养"留学"直通车。自此，永定分校先后送出近 30 名学生到总校"留学"。通过总校学习,优秀学生获得了更加优质的教育教学资源,取得了更大的成绩,这一政策对学校全体学生带来了强大的学习动力。同时,加强了教育集团内部学生之间的相互沟通交流。总校优质的教育教学资源得以通过"留学"的方式共享,取得更为优异的教学成绩,是学校中高考成绩取得七连升的坚实保障。

首都师大二附中借助首都师大附中教育集团的办学优势,打通两校课程通道,实现学生跨校选课和资源整合,为学生成长搭建优质平台。首都师大二附中先后有180多名学生到首都师大附中"留学",50多名学生实现了跨校选课,30多名学生在首都师大附中参加了数学、化学、生物、物理等学科竞赛辅导课程,先后有近20名学生在国家级、市级学科竞赛获奖。

二、专业社团引领

(一) 金帆书画院

首都师大附中作为百年名校,美术教育工作积淀深厚、成果丰硕。自成功申办北京市学生金帆书画院美术分院以来,学校严格遵照书画院管理办法,秉承"正志笃行、成德达才"的教育理念,顺应改革形势,坚持"五育并举、美育化人",不断探索、完善美术教育教学方法,在校内外广泛开展美术教育活动,逐步形成特色鲜明的美术教育体系。具体包括:文化融合创新,重点打造非物质文化遗产系列课程;教学内容创新,将当代艺术的创新内容引入课堂教学;教学形式创新,以项目式学习为主要教学形式。

为确保全员育人,基于学生个性化需求,在成达"四修"课程体系的基础上,结合美术学科特点,学校建立了"四修"美术课程体系。开展基于课程的丰富的艺术活动,确保"四修"课程的有效性。学生在课程中获得的美术技能与素养通过精美的艺术作品充分展现。

首都师大附中积极发挥引领作用，向集团校传递着先进的美术教育理念，还将师资、课程、专业培训、美术活动等教育资源与之共享，如首都师大附中北校区、第一分校、大兴北校区、永定分校在我校带动下也建立了烙画社、书法社、油画社等艺术社团。近年来，我校还与美术教育薄弱学校建立结对帮扶机制。多位老师和门头沟、大兴、通州、昌平等远郊区县的艺术教师结成师徒，为其答疑解惑。

2018年12月是集团办学十周年，在"首师大附中集团办学十周年"专题会上，艺术分会场以美术联展的方式促进了集团校之间的交流，各分校的美术教育工作得到跨越式发展，在艺术分会场，附中的五位美术老师为来校参会分校老师及海淀区美术教师做了非遗课堂"烙画、风筝、扎染、兔儿爷、书法"五节区级公开课展示。2019年1月4日在九华山庄召开的首师大附属校合作共同体主题研讨会上，也进行了非遗专题布展。

2018年7月，首都师大附中与海淀区签署协议，挂牌海淀区非物质文化遗产传承项目基地、海淀区非物质文化遗产教育孵化基地。附中本校的美术教师发起成立了"非遗教育教师联盟"，开展校际、区域之间项目培训和分享活动，还结合京津冀地区的博物馆，进行博物馆教育与校内教育的资源对接，探索馆校合作的新模式、新途径。

在首师大附中共同体优质教育资源的辐射引领下，永定分校以"仁山智水"为宗旨，培养学生的美术学习兴趣，发挥学生的美术潜能，展示学生的才艺，使学生学有所长；丰富学生的课余生活，营造良好的学习氛围，推动校园文化建设；以培养书画人才、推动书画创作，繁荣学校书画事业为目标。永定分校美术老师通过去总校参观学习，引进陶艺和烙画课程，在总校艺术教师的带动下，烙画课程于2019年4月获得第六届全国艺术展演活动一等奖，《传承非遗——烙画走进课堂》也取得北京市优质课程评选一等奖的好成绩；陶艺课程不仅吸引着学校的师生们，也迎接着外国友人的实践体验。在共同体资源协同创生、鼓励特色发展，形成多元优质新格局等六大举措下，结合学校的办学理念，国画山水长卷、麦秸画、多层立体剪纸等课程开设得有声有色，在《京郊日报》《北京日报》和门头沟区电视台多次被报道，成为特色发展的亮点。在各类美术比赛中师生们的作品频频获奖，其作品还被刊登在各种美术书籍中。师生们通过各色课程作品抒发自己的情感，创作出一幅幅赞美家乡和表现校园生活的作品。此外，本着发挥校外教育优势，充分利用校外教育资源的精神，学校组织学生走进美术馆，走进民间大师工作坊，引导学生进行实地考察，让学生接触比较前沿的艺术，感受民间传统工艺魅力，进而使传统文化得到更好的传承与发扬。师生们参加的各类书画比赛，硕果累累，他们是永定分校金帆书画院的骄傲，也是首师大附中共同体的骄傲。

（二）金帆舞蹈团

学校艺术教育工作实践经验对首都郊区其他学校起到很好的带动作用，推动了首都区域性艺术教育工作发展，成绩斐然。在集团化办学中，首都师大附中的引领和示范作用日益彰显。总校多位老师和大兴、通州、昌平、房山等远郊区县的艺术教师结为师徒，为其解惑答疑，辅导他们的艺术教育教学工作，提升其艺术教育水平。

首都师大附中在集团内外都努力发挥示范与带动作用。首都师大附中不仅向集团校传递着先进的艺术教育理念，还将课程资源、师资力量、艺术培训、艺术活动等资源与之共享，充分发挥了带动作用。例如，自2018年北校区新建校区以来，舞蹈教师从常态课、常规训练、寒暑假同步基训及共同参加重大活动都给予了详细的指导。在首都师大二附中的艺术课程建设中，总校从日常训练、形体课程到剧目表演都给予其详细的指导，并支持其进行迎新年学区交流活动。另外，总校还帮扶昌平校区，为艺术组的老师们解惑答疑，辅导他们的艺术教育教学工作。近年来，附中主动与艺术教育薄弱学校建立结对帮扶机制，带动其不断提升艺术教学质量。

(三) 篮球队

学校学生专业社团作为校园文化生活的重要载体，对广大青年学生知识、技能、能力的塑造和思想道德素质的培养起着重要的作用。在社团活动中，学生们自我管理、自我学习、自我塑造，在宽松自由的环境中激发了思想，熏陶了品格，发展了个性。那么，在专业社团蓬勃发展的过程中，如何才能做到让受益的人群不只是社员，还要有更为广泛的覆盖影响力呢？篮球社团在这方面做了有益的探索和实践。

1. 校篮球队自身建设情况

在各级领导的重视下，首都师大附中篮球项目活动蓬勃开展，具有广泛的群众基础，在 1986 年被北京市教委、北京市体育局命名为"北京市篮球传统项目学校"；在 2018 年被教育部誉为"全国篮球特色学校"；在 2018 年北京市篮球传统校学校评估工作中，被北京市体育局、北京市教育委员会给予"北京市先进体育传统项目学校"；在 2019 年被北京市体育局、北京市教育委员会命名北京市青少年"三大球"基层网点校和重点示范校。学校篮球项目配有专业篮球教师团队，专业篮球教师 6 人，篮球专业外聘教练 1 人，学校篮球项目先后为市级专业球队输送优秀人才，如八一队队员吴谦、胡克，北京首钢队队员常林，北京奥神队崔勇等，他们都是令附中教师学子骄傲和自豪的代表。

2. 专业型篮球队社团建设的开展

在现有的社团基础上，打造品牌专业型学生社团。让品牌社团在集团校发挥辐射效应，带动学生主观能动性的发挥，以起到引领示范的作用。

建立专业型学生社团规章制度，规范社团的管理让社团运行有章可循。无规矩不成方圆，建立起专业型社团的管理体系，使各社团内部分工明确，职责明确，人员多而不乱，社团活动才能高效开展。

培养一批专业型学生社团负责教师和学生骨干力量。专业型学生社团离不开专业老师的支持，为学生在思想和专业上提供指导和帮助，对社团及学生个体的发展提供指导、建议、监督和评价。专业老师更要对社团活动项目做好深层次的指导，提升社团活动的专业性，培养专业人才。

整理专业型学生社团活动案例，编制成册，对于学校专业社团文化制造属于社团自己的 Logo 团徽、社团吉祥物等进行推广。学校会将效果较好的活动传承保留下来，并在此基础上不断总结和创新，打造专业性社团的品牌活动。品牌活动可以吸引广大同学积极参与，学生的参与度提高会促进社团的创新与发展，如此良性循环，使得专业型社团的综合实力进一步提升。

专业型学生社团具有专业性强、影响力大、以点带面覆盖面广、学科支持强等优点，有助于在专业老师引路和制度约束的基础上促进个体发展，实现良性循环。同时，为集团校的实践育人创造新平台，为学校学生培养核心素养和创业精神的积聚开拓新途径，为社会提供优秀的人才。

3. 深度融合篮球队教练和学生团队

自从校男子篮球专业社团成立起，学校篮球传统项目工作小组明确球队发展目标与定位。目前学校篮球教师团队，篮球专业教师 6 人，外聘篮球专业教练 1 人，专业运动康复教练 1 人。团队分工明确，球队工作有条不紊地进行。初、高中教练员要根据队伍的发展方向，比赛目标及队员的生理、心理情况进行科学训练，制定完备的训练计划；训练记录完整；训练考勤齐全；球队阶段计划及寒暑假训练计划，并能在具体的训练工作中加以落实、改进。校男子篮球各位教练对待工作兢兢业业、认真负责、甘于奉献。每个寒暑假训练牺牲个人"黄金时间"，进行球队全员封闭式训练，同时备战北京市及全国的重要大赛，他们放弃了休息时间，把球队的工作当成自己的事业，为篮球队的进步和发展做出了重大贡献。

校男子篮球代表队分为初中男子篮球队和高中男子篮球队两支球队。目前初中男子篮球队本校区初三队员 4 人、北校区初三队员 5 人；本校区初二队员 5 人、北校区初二队员 5 人；本校区初一队员 6 人、北校区初一队员 5 人，共 30 人。目前高中男子篮球队高一队员 8 人；高二队员 10 人；高三队员 7 人，共 25 人。

4. 以点带面，全面普及集团校篮球运动

根据首都师大附中集团校篮球开展的深度，由学生会主办开设集团校"五校联盟"球队，球队由学生会自主管理安排训练、比赛。根据集团校对于体育特色开展一系列篮球活动，深受学生喜爱，在各校区篮球运动的关注度日益增高，每个校区学校每学年开展两次校级篮球比赛，本校区将篮球联赛命名为"振兴杯"。形成班班有球队，年级有联队模式，使得学生兴趣非常浓厚。当校级篮球赛开赛之际，校园内篮球气氛空前热烈，高中年级冠军球队还会与教职工老师球队进行一次表演赛，附中的篮球特长生都会加入自己的班级，为班级荣誉而战。同时，围绕着篮球联赛还加入了篮球摄影征集、啦啦队组建、最佳阵容评选、最有价值球员，整个比赛由校学生会新闻部全面报道，让每个学生都能在这个篮球赛事中找到属于自己的领域，篮球运动已经成为学校体育文化重要的组成部分。

随着集团校篮球运动建设工作的加强，为学校篮球乃至市区级篮球运动的成长和发展提供更加丰富和优质的篮球人才，努力打造一支高水平、高素质、高标准的名校品牌专业社团，为北京市中学生男子篮球项目的发展做出应有贡献。

第四节 资源互通——集团化办学的支撑条件

如何扩大优质教育资源覆盖面，是当前推进教育现代化的重点任务之一。集团化办学具有资源快速流动、品牌力量影响、办学模式灵活等优势，对扩大优质教育资源具有重要意义。教育教学资源的充分互通，是集团化办学实现高质量发展的基础和重要支撑。

一、教学资源

（一）文本资源

文本资源是教学资源的基础部分，本集团内部文本资源共享主要通过网络平台与学科组资源互通的方式进行共享。

英语组和生物组除了在集团内部共享初中三年所有自命题试题外，还组织多校联合出题阅卷，共享假期作业与试题资源，并指导集团校的教学安排、教辅资料的使用；体育组在集团校内广泛共享教学方法、教学材料和管理经验；数学大教研组内部集体共享各年级的试题资源；政治教研组也多次向大兴北校区分享初三大练习考卷、区教研资料等教学资源。

（二）设备资源

实验室资源也是教学资源的重中之重，尤其对于物理、化学、生物等学科来说，资源的丰富为学科教学和学科建设提供了重要保障。

物理教研组组织分校教师参观本部开放性物理实验室，并详细介绍和分享实验室设备及运营情况，为集团校实验室的建设提供经验；化学教研组帮助筹建北校区化学实验室，指导二附中、北校区、通州校区进行实验室建设与运行；生物教研组帮助集团校进行实验室设计，核查实验室设备采购清单，帮助采购实验室设备，并参与集团校选修课实验准备和实验设计过程。化学组帮助北校区筹建化学实验室，同时指导二附中、北校区、通州校区实验室的建设与运行。2019 年，化学组帮助北校区建设实验室，其中包括三间常规化学实验室、一间创新化学实验室、准备室、药品室、仪器室的基础建设及教学设备；基于本部实验室丰富的管理经验，教研组会帮助北校区、房山、通州等集团校购买中学常用仪器及设备。其中，帮助北校区化学实验室设备购置教学专用仪器玻璃仪器 91 种、设备 44 种，并对设备进行产品验收；帮助集团校购置易制爆、易制毒柜，并进行易制爆化学品的培训工作，包括易制爆化学品单位登记、管理组织登记、购买流程、出入库登记流向、应急处理等。

二、科技资源：创新人才培养

在国家"大众创业、万众创新"国家战略和创新驱动发展战略的指导下，2015 年，首都师大附中率先开启创客教育的探索，并于 2016 年率先建成了前瞻与实用兼顾的青牛创客空间，其面积达 600 平方米，创客空间内配备了 3D 打印、五轴雕刻、激光切割、无人机、数控工坊等先进实用的硬件设备，营造了一个良好的创新实践的环境。

青牛创客空间分为创想汇、智控坊、Robot 广场、梦舞台、数控工坊和奔码隧道六个功能区域。创想汇是学生头脑风暴和思维碰撞的场所；智控坊将各类元器件汇总在一起，有专业老师的精心指导，帮助学生设计，为学生提供一应俱全的智能控制硬件支持；Robot 广场让学生成为机器人的造物主，用智慧和汗水赋予机器人生命的活力；梦舞台为学生提供成品和作品自我展示的广阔空间，实现分享与交流；数控工坊是连接虚拟与现实的桥梁，让学生的创想可以触摸，设想可以实现；奔码隧道让学生利用编程的手段，码出无所不包的宏大世界，在高端的设计和开发领域崭露头角。

在创客教育理念的引领下，学校以创客空间为平台，组织了一支专业的教师团队，开发了一系列创客课程，组建了众多不同方向的兴趣社团。创客活动、青牛科技节、创意邀请赛等独具匠心的活动也让科技教育在学校生根发芽。创客空间先进的技术、特色的创客课程与丰富的创客活动激发学生潜能志趣，培养学生动手实践能力和创新思维能力，努力将学生的创意照进现实。

首都师大附中青牛创客空间、科技课程、科技社团和科技活动也向教育集团各成员校完全开放。一直以来，青牛创客空间在做好引领示范的同时，也不断通过"作品展示""比赛交流""资源共享""联合培养"等模式加强与集团校在科技创客领域的交流。

首都师大附中从 2012 年开始在全校进行《程序设计》课程的普及，通过"四修"课程为对计算机编程有兴趣的学生搭建更高水平发展的平台，并成立信息学社团，多年来培养出了一大批优秀的科技人才。自 2012 年信息学社团成立以来，不仅自身在学生培养和课程体系建设上取得了非常突出的成绩，还帮助多所集团成员校完成信息学社团的建设和实现信息学竞赛零的突破。附中采取以点带面的方式，首先通过跨校选课帮助分校培养出一批信息学人才，然后各分校以本部信息社为蓝本、以上述学生为核心成立社团，在此过程中同时开展教师培训、进修等活动，帮助分校教师快速成长，同时各分校信息社根据各校特点，形成自己的培养模式与特色，各成员校间持续进行交流沟通和集体备课，相互促进，共同进步。从 2015 年二附中初一学生率先实现跨校选课到目前为止，首都师大附中教育集团已经形成了较完善的信息社团建设与学生培养模式。

信息学竞赛作为附中的特色，在"四修"课程体系的框架下建立了完善的课程内容，除了基础通修与信息技术常规课程结合比较紧密外，兴趣选修和专业精修都面向集团全体学生开放。目前，首都师大附中一分校、首都师大二附中、首师大附中北校区等学校利用位置优势，高水平学生参加本部集训已经常态化进行，近两年来其他学校也陆续开始参加线上集训课程。

寒暑假是竞赛选手成长的关键时期，目前附中教育集团已经实现假期集训一体化，寒暑假集训已经成为集团内同学和教师交流、切磋的宝贵时间。此外，集团内学生可以利用在线学习平台与任意老师交流答疑，在日常学习中突破空间限制，实现教学资源的共享。

竞赛中题库的建设一直是重点事项，附中利用集团化办学优势，将信息学在线学习评测平台在集团中进行共享，平台资源供集团校全体成员使用，而平台内容也由大家共同推动建设。所有团队老师集思广益，发挥自身的技术优势和专业特长，经过多年积累，已形成入门、中级、高级不同层次对应的题库与微课内容，真正实现了合作共赢。平台资源既是附中集团的宝贵财富，也是每位参与其中的老师的努力写照。

三、文化资源：书香校园

依托首都师大附中百余年深厚的历史文化积淀，成达教育在育人实践中，始终致力于师生的全面发展和长远发展，不断推进校园文化建设。特别是近年来，为营造健康文明、和谐向上的校园文化，学校"以文化凝心聚力，靠书香健脑修身"，树立书香校园建设理念，把书香校园建设作为校园文化建设的重要载体，优化硬件，提升软件，大力营造书香氤氲的校园阅读氛围；着力打造全方位的阅读环境，努力推进书香校园环境育人的建设工程，为学校教育教学的持续长久发展夯实了环境基础。

书香校园的建设总体目标是打造一个处处是书的校园环境，通过对图书馆进行"街区制"改造，营造一种书香四溢的阅读氛围，形成人人读书的阅读局面；最终目标是把学校变成一座大图书馆，用阅读引领学生成长，用阅读润泽生命、开启智慧、奠基人生。在拓展校园阅读空间的建设工程中，学校通过统筹规划，在教学楼、综合楼、宿舍楼大厅及教学楼每个楼层特别设置了多处开放的阅读书架，并精心设计成了不同的风格。在教学楼用一排排原木色木质书架，旨在营造一种满目皆书的书籍长廊的感觉；艺术角用艺术型书架渲染一种优雅灵动的艺术氛围；"悦读·书吧"则着力打造一个休闲舒适的阅读空间，一个宁静典雅的心灵栖息地等。另外，学校还给每一本书编号，并在每本书封底上贴上从同学处征集的阅读标语及放回原处的小提示，方便学生自主借还，希望在引领学生积极阅读的同时，也学会自我管理，这充分体现了附中以学生主体、全员育人、环境育人的教育理念。"润物无声，教育无痕"是教育的最高境界，所以在书香校园建设中，首都师大附中注重细节，精益求精，以期在潜移默化中对学生产生深刻的文化影响。

受到总校的文化启迪，教育集团共同体各校也传承发扬书香校园的文化氛围，开启书香校园的建设，通过借鉴总校的成功经验，开展了一系列生动、有趣的活动，让孩子们阅读书、悦读书，让读书成为一种生活的习惯。例如，北校区作为 2018 年成立的新校区，在校园基础建设之初便充分考虑书香校园项目的有效实施。北校区图书馆定期举办"图书馆选书会"，让广大师生为图书馆选购图书。该活动将传统的"图书馆买什么，读者看什么"模式，转变为"读者选什么，图书馆买什么"的服务模式，获得了广大师生的认可和青睐，取得了显著的成效。北校区充分借鉴了本部的相关经验，在教学楼楼道、大厅等重要位置设立了开放书架，充分拓展了阅读空间，保证师生读者对文献的无障碍、无门槛、方便快捷的获取模式，是学校以人为本，培养学生阅读习惯的重要方式。这为北校区的校园文化建设注入新的活力，让"书香校园"特色在北校区得以充分的体现，真正达到了让全校师生"时时能阅读、处处可阅读、人人爱阅读"的目的。

四、活动资源

集团化办学顺应了时代的发展，体现着协同合作与优势互补的特点，实现着社会优质教育资源的合理化分配。这一点在总校与集团校的活动联动上体现得尤为明显。首都师大附中本部利用优秀社团、专业教室、学科特色活动、青牛创客空间等平台，与集团校联合开展多姿多彩的活动，提升了学生的学习积极性和教育教学整体水平。

地理组联合集团校组织地理实践活动，利用本部天文社团优势，带动集团校各分校参与天文活动；体育组则将本校的传统品牌赛事，如越野跑、新年接力赛、田径运动会等辐射至集团校，为集团校学校体育发展打下良好的基础。

历史组创建历史社团的方式，集合分校老师多次参观、实地考古、举办学科节。其中，黄小洁老师参与设计的"探寻圆明园"课程精彩有趣，获首师大附校共同体课程年"2016课程嘉年华"一等奖。

政治组将法治文化节展板及法治竞答考题、人大教授优质法治讲座等资源分享给集团校中的北校区、一分校、昌平学校、通州分校等，并与各校共同举办了2018年首师大附中第二届法治文化节。

对集团校活动方面的指导，科技中心更是发挥独特优势，一方面是科普活动，如"青牛杯"科技艺术创想邀请赛、"青牛"杯科技艺术创想邀请赛等活动中协同开展活动；另一方面，青牛创客空间为集团校师生提供参观学习和软硬件支持，集团师生可以借助空间硬件设施将创意变成作品。

在这些多姿多彩的活动中，学生的综合素养得以提升，集团办学优势得以发挥，受到了广泛的好评。

┃第五章┃

队伍建设　筑牢基石

第一节　集团专题培训

附中教育集团在向外输出优质资源和师资的同时，更加注重提升分校自身的"造血"机能，因此集团尤为重视分校的队伍建设。通过资源输出、管理互通、教学一体、师资交流、资源共享等方式，为教育集团各校的发展注入了生机和活力。

一、干部培训点面结合

教育集团通过全员培训和重点培养等方式加强分校干部队伍建设。全员培训面向集团所有中层以上干部，线上、线下培训相结合；重点培养是根据分校发展需求，提供干部跟岗实习机会，或者选派总校中层干部到分校传帮带。干部队伍管理水平的提升，为各成员校的发展奠定了坚实的基础。为了加强分校的教师队伍建设，教育集团为分校培养骨干教师，同时为他们提供到总校学习交流的机会。

教育集团各校中层干部参加总校干部培训，这实质上是建立集团内各校沟通交流的机制，搭建了输出总校管理模式和经验的有效途径，使得各校管理交流深入化、常态化。

二、交流学习智慧碰撞

教育集团不仅加强分校管理干部的交流学习，还定期组织"校长论坛""德育论坛""教学论坛"等，结合集团发展过程的重点、热点、难点问题交流研讨。各类论坛聚焦"新中考改革背景下的教学实践与研究""推动基础教育现代化""落实学科核心素养""教育教学高质量发展""家校共育"等具体主题，各学校在论坛交流中共享经验，实现智慧碰撞，共同提高。

三、教师培训注重实效

为进一步推进集团校教师的专业发展，全面提升教师的教学素质和水平，促进教研组建设，营造浓厚的学术研究氛围，教育集团组织各成员校教师参加各级各类教育教学培训（表8）。通过具有针对性的培训，开阔集团各校教师视野，学习先进的教育理念，提升教育教学水平。教师培训要紧跟时代要求，紧扣教育需求，做到培训有主题、有深度、有启发。通过培训，也为广大教师搭建教师教育教学经验交流分享平台，让教师在互动、互助的实践中，增进合作、共同进步。

表 8　集团教师培训

主题	培训内容	主讲人
师德师风	未来教育：立德树人的"未来"之思	首都师范大学教育学院副院长 张爽
教育改革	从高考命题改革看中学教学	北京教育考试院原副院长 臧铁军
	2019 年中小学校长论坛分论坛： 深化教育改革创新 推动基础教育现代化	首都师大附中党委书记、校长 沈杰 北京开放大学校长　褚宏启 上海市格致中学校长　张志敏
	2020 年首都教育论坛分论坛： 高中课程与教学高质量发展	高校科研院所的领导专家
核心素养	成达教育论坛： 落实核心素养　优化教学方式	理科会场 文科会场
	课堂教学中学科核心素养的落实	首都师范大学副校长 杨志成
思维课堂	让课堂教学富有思维活动	北京市海淀区教师进修学校 张鹤
	思维型教学理论——聚焦情境与问题	陕西师范大学教授 胡卫平
公开课	"国培计划"国家级公开课	首都师大附中物理教师 杨筝、杨光、张勇、候婷婷、 詹凯、宁成
	2020 年高中教育教学研讨会 语文、政治、历史学科公开课、 评课及学科主旨报告	评课、学科学术报告专家 首都师大附中教师
人文素养	舞蹈专场《旗帜》	首都师大附中金帆舞蹈团

第二节　集团教研活动

为了全面贯彻"资源共享、集中优势、科学整合、保留特色、协同创新、优质发展"六项基本原则，在总校的引领下集团校共同开展联合教研活动，称为"大教研"。"大教研"由本部学科负责人牵头并预设具有针对性的研讨主题，组成集团学科群，定期开展教学与研讨活动。学校这一系列举措有力促进了集团各成员校间的深度融合，切实提高了各学科的课堂效率，提升了各科教师的教研水平，助推了各校教师的专业成长。

教育集团充分发挥本部所有教师的主导作用，帮助分校打造具有核心竞争力的教师队伍。区域内位置较近的分校，集团定期组织联合教研，共同备课，整合骨干力量，切实提升教学科研水平，为教师搭建了学习和交流的平台。在联合教研的基础上，期中、期末组织统一命题、统一阅卷，这样不仅可以检验教学研究的效果，也可实现数据共享、精准指导，对学生的学业发展水平的评定更准确、更客观。

例如，本部语文教研组在学校建立健全集团大教研机制的基础上，不断创新，逐渐形成了自己学科的系统性教研特色，即"制度健全、集团教研、跨校活动、效果显著"。每月一次的首都师大附中教育集团大教研，本部教师与各分校语文同人济济一堂，基于各校的真实学情与学科的"瓶颈"问题，展开扎实有效的交流、碰撞、研讨，不断生成切实可行的语文智慧。为了进一步落实集团校共同参与，与分校教师之间实施拜师制度，采用师徒结对、集体备课、互相听评课、开展课堂比赛等一系列活动，在集团内形成了"比学赶超帮"的良性机制，激发了各校教师的探索热情，提高了各校教师的教研能力。本部组织的一切公开课、教学研讨、专家讲座等活动，均邀请分校教师参加。尤其是初中年级，一直施行集团联合阅卷制度，统一命题，统一标准，集体阅卷，即时反馈。因此，本部语文教研组努力做到各个教学环节的全程引领，力求实现辐射作用最大化。

再如，本部历史教研组在教学过程中，也不断探索联合教研的创新模式，并进行了以下行之有效的系列尝试。本部历史教研组与一分校、大兴北校区进行多维度的交流，主要集中于初中部。多位初中骨干老师多次前往一分校与大兴北校区"传经送宝"，指导一分校初一、初二老师如何更好地执教公开课，并为大兴北校区初一新生做入学教育；针对即将参加中考的初三教学，本部老师与各校同仁则主要采用集体备课、举办专题讲座的形式，来做深度交流。无论是针对教师的教，还是针对学生的学，本部初中教师都做出了切实的指导。本部与通州校区、二附中高密度的切磋，则主要集中于高中部。本部高中老师多次赴通州校区与二附中指导高中教师备课，并邀请二附中老师前来本部参与学科节活动与社团活动，不断强化双方的交融互通；此外，本部历史教研组还多次前往永定分校等集团校听课评课，进行了学科深入交流，以指导公开课、举办讲座、集体备课、参与学科活动等多样化途径，严格遵守集团联合教研的基本原则，深度贯彻合作融通的核心精神，促成了资源共享、协同发展的良好态势。

首都师大附中集团所开展的联合教研，立足于"三课"（课堂教学、课程建设、课题研究）以确立研究主题，其教研形式主要有两种：一种是以教研组为单位的学科专题教研；另一种是以备课组为单位的集体备课。

一、本部引领，具体指导

教育集团在开展联合教研过程中，十分重视本部的常规化引领作用，将本部优质资源最大化辐射到各集团校，同时把各校特色资源整合起来，以求资源共享、优势互补，促进集团内部深度融合，开创一片教改新天地。

本部政治教研组经常对一分校、二附中等集团校听评课、共同备课，对大兴北校区的初三教学给予直接指导；英语组组织本部教师前往集团校送课到校、听评课与研讨、开展专题讲座与经验介绍等；生物教研组则与集团校分享课程资源和教师资源，指导集团校进行高三教学交流、同步初中竞赛课程，委派教师前往分校任职和交流指导；教育集团的艺术老师们充分利用网络资源，组织成立了"中国传统音乐教学项目组"，发挥集体的智慧，开始逐个专题制作精品慕课，并共同研讨，将课程资源集体共享，甚至优秀课题被区里选中作为区级公开课在空中课堂播放，部分课程也被人民音乐出版社选用，即将收录在《高中音乐教学指导与学业评价》中。

二、交流合作，集体备课

集体备课是组织教研的基本方式之一，集团本部的联合教研也开展了集团各校的集体备课，集成各校之智慧，共享备课之成果。

各校的英语教研组实现互通共融，北校区英语组被邀请前往本部集体备课，并安排主校初三备课组前往分校进行备考研讨；生物教研组初中备课组和北校区长期举行每周集体备课活动，并多次与北校区、一分校、二附中、大兴南北两校区等进行教学交流和研讨；地理组北校区牛磊老师经常参加本部的集体备课；化学教研组也多次与通州校区、二附中、北校区、一分校等开展形式多样的教学交流活动。

三、听课、评课，互相促进

听课、评课是教师教学成长的必经之途，也是教学智慧相互碰撞的最佳途径。集团总校为促进各集团校教师的交流与成长，鼓励各集团校教师相互听课学习，深化交流，协同进步。

生物教研组对集团校高三教师开放课程资源，分享区教研专家讲座，并邀请集团校教师前往主校听课评课、聆听讲座，如近两年通州校区生物教师经常来本部听课，生物教研组几乎每周都会为其提供各种教学资料；地理教研组也长期邀请集团校教师前往本部听课学习，交流互促。

四、教育教学，合作科研

随着教育改革的不断深入，"科研兴校""科研兴教"的理念已逐渐深入人心。集团向来重视教育教学科研能力的提升，帮助集团校教师增强科研意识和科研能力，以科研提高教育教学质量，促进学生发展。

从 2018 年至今，集团本部与北校区联合开展区课题《海淀区促进学科能力发展的教学改进、综合实践课程开发与历史学科核心素养的培养研究》，其间进行多次研讨，共同研究，最终形成中期汇报。数学组、生物组等教研组也组织集团校进行各种教学改革与实践，与各集团校协同进行多个课题研究，可谓成绩斐然。

在联合教学的长期、多样化实践中，集团已然形成了主校引领、集团协作、互利共赢的良好局面，为集团内各校教学水平的提升提供了有力保障。

一分校：附中集团总校开展的联合教研，不断提升本校教研水平。教师们在集团总校的引导下开展了系列的联合教研活动，如集团总校领导班子在沈杰校长的带领下，就课堂教学、学校管理、教育教学改革等工作，开展听课、评课、调研、座谈与反馈等指导工作。附中总校派出学科教学指导团队开展听课、评课、专题交流与研讨等教研活动，其优秀教师多次来本校上课、听课、评课、指导教学。例如，在各学科教研组举办全覆盖式"学科研究微论坛"，以此提升本校教师对学科建设的认识；在初三年级组开展中考各学科的教学研讨活动，让每位学科教师重视《考试说明》的研读，从中收获专业发展；在学生培养方面，集团总校教师们进班为学生送上主要学科学习方法指导课，到初三年级为学生们的复习精心把脉、悉心指导等。通过统一教研、统一培养、统一测评、统一培训等系列联合教研活动，不仅让本校各学科教师的专业素养得到很大提升，也促进了学科教研水平的提升，更提高了教师们对学科建设重要性的认识与理解。

第三节　集团督导机制

为促进首都基础教育优质均衡发展，提高集团化办学水平，加强对各成员校教育教学质量的针对性指导，扶植学科课程建设和特色发展，首都师范大学附属中学教育集团组织并成立由干部和骨干教师组成的学校发展督导团和学科发展指导团。

通过深入细致的调研，教育集团制定了《首都师范大学附属中学教育集团学校发展督导团管理及实施办法》《首都师范大学附属中学教育集团学科发展团管理及实施办法》。为提高督导科学性，教育集团还详细制定了督导细则。此外，为让各成员校"拧成一股绳，劲往一处使"，教育集团注重用好"评价"这根指挥棒，自主开发《首都师范大学附属中学教育集团学校督导评价表》（以下简称《评价表》）。《评价表》涵盖管理机制、教师队伍建设、教育教学改革、教学常规工作、德育工作和学校特色建设，并设置督导要点。

首都师范大学附属中学教育集团
学校发展督导团管理及实施办法

为促进首都基础教育优质均衡发展，提高集团化办学水平，加强对各成员校教育教学质量的针对性指导，首都师范大学附属中学教育集团成立学校发展督导团，对各成员校的教育教学工作进行督导。为充分发挥督导团的作用，特制定该管理及实施办法。

第一条　学校发展督导工作指导思想：

（一）遵循教育规律；

（二）遵守教育法律法规和国家的教育方针政策；

（三）以提高各成员校的教育教学质量和培植学校特色为中心。

第二条　学校发展督导目的是对教育集团各成员校的教育教学工作进行全面的监督、检查和指导，确保学校相关政策的贯彻执行和办学水平的提升。

第三条　学校发展督导团组织形式：

（一）学校发展督导团团长由总校校长及党委书记担任，副团长由总校副校长及党委副书记担任，成员由总校教学干部及各学科主任担任；

（二）学校发展督导团成员任期3年，可根据工作需要和本人具体情况连聘连任；

（三）总校学校办公室为学校发展督导团联系单位，负责学校发展督导团工作安排，汇总学校信息，做好协调与服务，协助处理相关事项。

第四条 学校发展督导团对下列事项实施督导：

（一）学校队伍建设情况，包含领导班子设置及履职情况、师德建设、教师考核聘任制度建设和执行情况、教师培养和培训等；

（二）学校教育教学情况，包含教育教学水平、课程开设情况、教育教学管理、教学科研管理等；

（三）学校校园建设情况，包含校园文化建设、教学设备保障等；

（四）了解师生对学校教育教学管理方面的建议和要求。

第五条 学校发展督导团成员的主要职责如下：

（一）有计划地深入各校实地调研，对学校教育教学管理方面进行检查，并及时提出建议；

（二）按照学校章程评估其实施过程规范的执行情况；

（三）参加学校教育教学改革、教学质量评估、课程体系建设等咨询工作，为学校教育教学管理决策提供参考意见；

（四）汇集教育集团智慧，总结推广优秀工作经验；

（五）反馈教师、学生和干部对学校教育教学工作的建议和要求；

（六）完成其他教育集团内部工作。

第六条 学校发展督导团应每学年到教育集团各分校督导至少1次，对学校进行综合或专项诊断式评估指导，帮助其完善发展策略，培植发展特色。

第七条 学校发展督导团具体工作形式：

（一）学校发展督导团进行内部工作部署会，制订全年的督导工作计划，明确工作重点；

（二）教育集团各成员校提交书面汇报，内容包括学校教育教学、队伍建设和校园建设等；

（三）学校发展督导团到各成员校进行实地考察；

（四）学校发展督导团与各成员校领导班子进行座谈，深入探讨学校发展的有效实施途径；

（五）各成员校对改进情况进行及时反馈，学校发展督导团对督导情况进行及时总结并召开总结研讨会。

首都师范大学附属中学教育集团
学科发展指导团管理及实施办法

为提升首都师范大学附属中学教育集团各成员校教学质量，扶植学科课程建设和特色发展，教育集团成立学科发展指导团，对各校的学科建设进行专项指导。为充分发挥指导团的作用，特制定该管理及实施办法。

第一条　学科发展指导团工作指导思想：

（一）遵循教育规律；

（二）遵守教育法律法规和国家的教育方针政策；

（三）以提高各成员校学科建设水平、教学及科研水平为中心。

第二条　学科发展指导目的是对教育集团各成员校的各学科建设进行全面而有针对性的指导，提供学科发展经验，助力学科及教师团队深层次发展。

第三条　学科发展指导团组织形式：

（一）学科发展指导工作由两级组织完成：学科发展指导领导小组和各学科发展指导小组。学科发展指导领导小组是咨询性机构，在总校校长和教学副校长的领导下，对各成员校的教学秩序、教学质量、教学管理和课程体系进行监督和指导；各学科发展指导小组组长由各学科主任担任，组员由各学科市区级以上骨干教师担任；

（二）各学科发展指导小组组员应热爱教学工作，具有扎实学识和较高的科研水平，擅长一线教学和学科建设；

（三）学科发展指导团成员任期3年，可根据工作需要和本人具体情况连聘连任；

（四）总校学校教务处为学科发展指导团联系单位，负责学科发展指导团工作安排，汇总学校信息，做好协调与服务，协助处理相关事项；

（五）总校加强对学科建设的领导和指导。作为学校校本教研和培训的一部分，各学科组需将指导任务列为年度教学工作内容。

第四条　学科发展指导团对下列事项进行指导：

（一）学科课程体系建设情况，包含课程设置、梯度体系、特色课程等；

（二）课堂教学情况，包含授课内容、课堂组织形式、教学设计等；

（三）学科教师培养情况，包含教研组建设、教师专业发展培训等；

（四）教学科研情况，包含课题研究、校本教研、公开课等；

（五）了解师生对学校教学及其管理方面的建议和要求。

第五条　学科发展指导团成员的主要职责如下：

（一）有计划地深入教学一线，对学校教学现状及问题及时提出建议；

（二）按照学校课程体系建设的情况，强化学科核心素养，助力各学科的课程体系建设；

（三）参加教师培养、教学科研等咨询工作，为教师专业发展提供参考意见；

（四）汇集教育集团智慧，总结推广优秀工作经验；

（五）反馈师生对学校教学工作的建议和要求；

（六）完成其他教育集团内部工作。

第六条　学科发展指导团应每学期到教育集团各分校督导至少1

次，并对学校学科建设发展提供指导性建议。

第七条 学科发展指导团具体工作形式：

（一）学科发展指导团进行内部工作部署会，制订全年的工作计划，明确工作重点；

（二）学科发展指导团到各成员校进行实地考察，通过听评课、专家示范课对课堂教学进行具体指导；

（三）学科发展指导团针对教师需求，探索多种形式助力各成员校学科建设，通过集体备课、学科教研活动指导、专家讲座等形式，提升学校学科发展水平；

（四）学科发展指导团对指导情况进行及时总结并召开总结研讨会。

首都师范大学附属中学教育集团学校督导评价表

一级指标	二级指标	督导要点	评分标准	得分
管理机制 25分	领导班子 10分	领导班子民主、科学决策，团结协作，以身作则，廉洁勤政，职责明确，运转高效；成立意识形态工作领导小组，加强对全体教师及学生的思想道德教育，用社会主义核心价值观引领教育教学工作；加强党建工作，落实常态政治理论学习制度，充分发挥党组织政治核心和战斗堡垒作用；校领导的决策能力和领导力较强	设置合理，责任明晰，办事效率高，工作落实情况好 8~10 分，一般 4~7 分，明显不足 0~3 分	
	规章制度 5分	坚持依法依规治校，建立健全学校各项规章制度，符合学校发展实际，检查落实到位，日常管理有序	制度健全并能有效落实 4~5 分，一般 2~3 分，明显不足 0~1 分	
	集团工作执行情况 10分	秉承首都师大附中育人理念，在"大附中观"指引下，推行成达教育，高度认同首都师大附中文化，高质量完成教育集团任务，致力于教育集团高质量发展	积极承担教育集团任务，执行力强，主动推动教育集团发展 8~10 分，一般 4~7 分，明显不足 0~3 分	

续表

一级指标	二级指标	督导要点	评分标准	得分
教师队伍建设20分	教师培养工程5分	具有教师队伍建设顶层设计，制定实施梯级教师培养规划，注重师德培养，教师教育教学水平显著提升	教师队伍建设有目标，有行动，效果好4~5分，一般2~3分，明显不足0~1分	
	教师培训5分	具有较为规范的教师培训体系，培训设置科学合理，培训内容全面，符合教师需求，效果显著	培训体系健全，效果显著4~5分，一般2~3分，明显不足0~1分	
	教学科研5分	为教师提供科研发展平台，教师积极参与科研任务，参与课题覆盖面广，实现以研促教	学校和教师积极参与，科研成果显著4~5分，一般2~3分，明显不足0~1分	
	教师考核5分	考核办法科学合理，过程记载翔实，评价准确，教师认可度高，有明显激励作用	科学考核，有效激励4~5分，一般2~3分，明显不足0~1分	
教育教学改革15分	课程体系建设5分	根据北京市深化教育教学改革要求，结合"四修"课程体系，科学构建适宜本校发展的课程体系，师生认可度高，效果显著	课程体系建设完备，实施效果好4~5分，一般2~3分，明显不足0~1分	
	学科教研组建设5分	学科教研组建设成果突出、学科教研活动丰富	学科教研活动丰富，取得良好效果4~5分，一般2~3分，明显不足0~1分	
	改革成果5分	学校不断深化教育教学综合改革，在教育教学各方面不断创新，取得多项荣誉与成果	改革成效显著，成果颇丰4~5分，一般2~3分，明显不足0~1分	

续表

一级指标	二级指标	督导要点	评分标准	得分
教学常规工作 20分	教学工作规划 5分	每学年有明确详细的整体教学工作安排，计划切合实际，严格执行	有教学计划，工作有条不紊4~5分，一般2~3分，明显不足0~1分	
	课堂教学质量 15分	实现高效课堂，落实学科核心素养，教学方法得当，循序渐进，学生课堂参与度高	课堂教学效果好11~15分，一般6~10分，明显不足0~5分	
德育工作 20分	德育工作规划 3分	每学年有明确详细的整体德育工作安排，做好班主任团队建设，落实爱国主义教育	德育工作计划完整，主题明确3分，一般2分，明显不足0~1分	
	平安校园 5分	加强学校日常安全管理，对学生进行安全教育、提升自我防范意识	安全工作落实到位4~5分，一般2~3分，明显不足0~1分	
	校园文化建设 4分	以"正志笃行、成德达才"为核心价值引领，创设良好的校园文化环境	形成良好校园文化氛围4分，一般2~3分，明显不足0~1分	
	学生活动 5分	搭建学生个性化发展平台，组织主题丰富的学生活动，鼓励创建学生社团并定期活动，鼓励学生自主管理，自主发展	学生活动丰富，效果好5分，一般3~4分，明显不足0~2分	
	家校共育 3分	建立家校共育平台，开展多种形式的家校共育活动	家校共育工作细致到位3分，一般2分，明显不足0~1分	
【加分项】特色性指标 10分		学校办学成绩突出、办学特色明显、提升速度较快、在当地社会影响力强等方面，每一方面加分2~3分		
总分				

教育集团督导团根据分校需要选派学科专家通过下校听评课、集体备课、专家示范课、学科教研活动指导、专家讲座等多种方式，针对教

师的需求，解决实际问题，帮助分校教师迅速提高教研水平；每个学期对集团成员学校进行综合或专项诊断式的评估、指导，帮助其完善发展策略，培植发展特色，提高办学水平。目前，首都师大附中教育集团学校督导已经形成数据化精准督导、常态化及时督导、下沉式深度督导、靶向式有效督导的高效模式。

第四节　集团教师交流

一、教师交流

根据各校的个性化需求，总校多次"送教到校"，派出优秀教师赴永定分校、一分校、二附中、通州校区、北校区等成员校任教，深入学校教研组开展教育教学实践。此外，总校也通过专题讲座、参与教研活动、听评课等多种灵活方式加强对成员校教师的指导，构建起教师交流机制，实现常态化、长效化。

永定分校教师参加同步教研，定期赴总校听课或跟岗学习。同时，两校成立名师联合培养工作室。总校选派优秀骨干教师担任导师，开展"师带徒"活动，永定分校有近60名老师纳入这个工作室中，为教师队伍未来的发展蓄势。

昌平学校邀请集团名师和专家指导团多次来校指导交流，从课程建设、分层走班、年级组工作等不同方面接受热情指导。例如，总校数学教研组深入学校数学教师课堂，手把手指导；总校语文、数学、英语、物理、体育等学科特级教师和海淀区兼职教研员老师来校进行学科教学指导；总校优秀班主任在全体教职工大会上分享工作经验等。

总校对一分校教师队伍建设进行支持。一是派出优秀管理干部和骨干教师到一分校工作；二是接收骨干队伍到附中岗位锻炼，学习深造后再回到一分校工作，强化了一分校师资队伍的建设；三是强化大教研帮扶，定期组织一分校教师到总校听课、学习，定期邀请总校优秀教师到一分校上课、听课、评课、指导教学；四是以教科研培训为桥梁，促进教师专业发展。

大兴北校区建校至今，总校坚持不断派出各学科骨干教师带动教师团队的全面发展，尤其是针对教师学历高、经验少的实际情况，进行新教师培训。为了提高教育集团的师资力量，总校与大兴北校区开展了"师带徒"结对学习机制。除此之外，语文组、英语组、数学组和物理组教师及班主任团队多次走进总校，深入课堂，听课研讨。

通州校区高度重视教师的专业成长，全体教师除了参加通州区教研活动外，还积极参加总校的各类教研活动，总校也为通州校区的年轻教师配备"一对一"的名师，进行"师徒结对"指导；学校探究出了"外部引领+内部提升"相结合的教师培训路径，通过集体备课、专家示范课、学科教研活动指导等多种指导方式，针对教师的实际需求，解决教师面临的实际问题。

在科技创新人才培养方面，总校除了扶植分校开展信息学活动之处，还会组织骨干教师到本部进行深度培训。分校教师按照不同情况参与本部信息学社团活动，或完全与本部科技教师直接承担社团教学任务和学生教育工作，在活动与工作中进行学习，积累经验。此外，附中教育集团还会根据实际情况，开展点对点的帮扶与交流活动，北校区建设之处，杨森林老师作为信息学竞赛总教练，亲自去北校区授课，帮助北校区快速建立起信息社团与课程，目前北校区成立不到三年已有多人次获得信息学竞赛一等奖，社团人数也已形成一定规模。

二、跨校拜师

"高水平的教师是学校的核心竞争力",首都师大附中教育集团尤为关注青年教师的成长。首都师大附中教育集团发挥整体优势,总部与各分校间互帮互助、彼此借鉴,秉承一切从青年教师实际需求出发,帮助青年教师建立职业生涯可持续发展的理念,不仅关注青年教师当前业务能力的培养,更关注其职业的终身发展。因此,我们采用富有特色的"师徒制":一位新入职的新教师会与一位有经验的教师结对。首都师大附中为每位新入校工作的应届教师配备一位师德好、教育教学经验丰富的教师作为师父,举行隆重的拜师会,同时要求青年教师每周至少请师父听课一次,共同备课一次,请师父审教案一次(三个"一"),每学期至少开一节公开课。这一传统被推广至整个教育集团,助力集团新教师的专业成长。同时,在条件允许的情况下,新招聘的分校教师会安排"一对一"的名师"师徒结对"指导,或在总校任教一段时间后再派往分校执行教学任务。

总校与永定分校成立名师联合培养工作室,总校派出诸多名师担任永定分校教师导师,开展"师带徒"活动。永定分校先后有 57 名教师加入联合培养工作室,在总校名师的带领下教育教学水平得到显著提升。

2014 年,总校为通州校区储备师资,成为通州校区高质量发展的第一批关键力量。2014 年 5 月~2015 年 7 月,总校安排通州校区新教师到附中参加培训,培训活动内容丰富、课程多样化,包括教师职业生涯设计、学校介绍及教育教学要求、优秀教师分享经验、骨干教师课堂观摩、演讲比赛、15 分钟微课展示、跟班实习、计算机辅助教学培训、交流反思等,精心设计的一系列活动使新教师得到了全方位的锻炼,为他们日后步入教师一线工作奠定了基础。

政治组教师曾多次对通州分校政治组的青年教师进行听评课指导；英语组指导集团青年教师，结成师徒对子，积极担任北校区、通州校区、二附中指导教师；体育组注重培养青年教师，帮助指导集团青年教师在教育教学和教学研究上快速成长，勇挑重担。

教育集团充分利用资源共享、协同发展的优势，总部和各个分校的青年教师互通有无，共同促进新任教师的成长。无论是分校新任教师拜师学习，还是本部师父跟踪培养，抑或是各个集团校青年教师之间的交流互通、相互学习，都为青年教师的全面快速成长提供了很好的助力和平台。在集团化协作的情况下，青年教师可以享受到多样化的优质资源、持续性的系统培训、更加温馨的工作氛围，从而更快融入新集体，更好站稳讲台，筑梦杏坛。

三、跟岗研修

在队伍建设方面，为满足首都师范大学附属中学教育集团用人需求，进一步加强集团内部人员沟通交流，提高人力资源使用效率，优化教育集团人员配置，结合集团各成员校的实际情况，教育集团制定了集团干部教师跟岗研修工作方案。

分校教师的跟岗研修是指每年从成员校选派干部、教师到总校跟岗研修，深入学习集团优秀的教学管理经验，加强校际交流。分校跟岗研修教师与总校教职工共同进行任职培训，为尽快融入新岗位、新环境，加强相关业务技能提升培训，促进跟岗研修教职工成长成才。一分校、首都师大附属实验学校和通州校区先后分别派出了参与跟岗研修的教师，跟岗教师高效传递了教育集团和总校的教育理念和管理理念，助力集团各校发展。

▌第六章▌

各美其美　美美与共

　　通过文化理念深度融合、管理制度有效延伸、课程建设创新引领、教师培养科学赋能、学生成长统筹培养、教育资源交流共享等各项举措的落实,集团化办学的优势突出,教育集团各校实现多元特色发展,教育教学水平得到显著提升,带动了区域教育水平的快速提高。附中教育集团的蓬勃发展,也让"一切以学生为中心、有教无类、因材施教、人尽其才"的成达教育的内涵有了更加广泛的共识。事实证明,我们的教育理念、教育模式是以人为本、具有普适性的,在不同的区域,面对不同的学情、校情都能"生根发芽、开花结果"。

　　首都师大附中聚力共享、科学赋能,通过优质教育理念和教育资源的输出和带动,教育集团各成员校逐步实现多元特色发展,其教育教学水平得到显著提升,多数成员校已成为市区优质中学或成为区域内名校,这说明总校的辐射带动作用得到了充分发挥,让众多学子受益。

　　集团化办学不是总校的简单复制,更不是总校资源的单向输出,根本目的是结合各成员校所在区域特点,根据自身的校情、学情制定具体的发展目标,达成精准指导、重点帮扶,鼓励特色发展,不断提高各分校的核心竞争力,真正实现可持续发展。

第一节　首都师范大学附属中学永定分校

首都师大附中永定分校，原名永定中学，是门头沟区的一所普通农村薄弱校。2008 年被承办后更名为首师都大附中永定分校，开启了快速前进的阶段。在首都师大附中和教育集团的帮助和扶持下，以提高教育教学质量为中心，以促进学生全面发展和引领教师专业进步为着力点，全面推行课程和学校制度改革，实现了由薄弱的农村校到北京市优质高中校的完美蜕变，取得令人瞩目的成就，真正成为百姓心中的"优质校"。

首都师大附中永定分校被承办后发生了翻天覆地的变化，迅速从一所农村薄弱校跻身于北京市优质中学行列，中、高考成绩连年攀升，高考本科率从最初的 30% 左右提升至近 100%，先后培养出四名区高考状元，初中成绩稳居全区前二；先后荣获 2017 年北京市基础教育教学成果奖一等奖和 2018 年国家级教育教学成果奖二等奖。永定分校依托地域特点，形成以科研为引领，科技创新和艺体美齐头并进的特色发展新格局。

一、办学条件

永定分校办学条件进一步优化，校园环境优雅，幸福长廊、传统文化长廊底蕴深厚；地球科学实验室成为北京市重点实验室；先后建成了双层互动报告厅、足球场、网球场和篮球馆，给学生提供充足的运动空间；学生食堂，提供营养均衡的饮食；学生宿舍，具有和谐有序环境，各教室配备齐全，为师生提供温馨舒适的学习、工作和生活环境。

二、幸福教育

在"人本、和谐、创新"的管理理念和"正志笃行、成德达才"的育人理念的引导下，永定分校办学理念逐步清晰，更加人性化。从以往对成绩的片面追求，到关注学生核心素养的提升，逐步确立了"为每一位学生的终身幸福奠基"的办学理念，并以此为指导，全力推行"六位一体"的幸福教育，着力培养具有"人文素养、自主意识、创新精神、幸福品格"的卓越公民。目前，学校已经形成了以"公平、民主、人本、和谐，自主、合作、求实、创新"为主要内容的幸福文化，包括积极的精神文化、和谐的物质文化和自主的社团文化。在这种理念的指引下，教师乐教、学生乐学，从而使他们形成正确的幸福观和自主追求幸福的能力，具有体验幸福、理解幸福、分享幸福、创造幸福的幸福品质，为收获终身幸福奠定了坚实的基础。

三、教师队伍建设

办学初期永定分校的师资队伍非常薄弱，区级骨干教师仅 3 人，高级教师仅 3 人，教师上课照本宣科，没有专业发展规划。据此，首都师大附中教育集团采取多种措施，优化教师队伍。集团总校提供学习的机会，带领分校教师参加海淀同步教研，定期到总校听课或跟岗学习；派遣总校教师到校任教、指导和交流，从教育教学理念、课堂教学、班级管理等方面进行全方位的指导学习，提升教师的整体水平，实现真正意义上的师资融合；成立名师联合培养工作室，为教师队伍未来的发展蓄势。受益于此，永定分校教师的专业化水平得到显著提升。目前，学校成功拥有特级教师 2 人、市级骨干教师 2 人、区级骨干教师 23 人、硕士研究生以上学历 60 人，同时在市区业务比赛中荣获一等奖的人数，多达 100 余人。

四、创新"5+X"课堂教学模式

在对全校师生调查研究的基础上，依据学生的心理特点和认知规律，永定分校从理论基础、课堂教学原则、课堂教学环节、四级评价机制、实践创新推广，构建适合中学特点的"5+X"课堂教学模式。

基于发现式学习理论、建构主义学习理论、"最近发展区"理论和创新发展理论，制定课堂教学的五项原则：一是学案导学、以学定教（5 有），课前有学案，学案有特色，学法有指导，学情有分析，目标有针对性（贴近度≥90% 以上）。二是先学后教、学生主体（6 要），课前预习要反馈，小组合作要深入，互动交流要有效，知识建构要主动，授课时间要限制，个体展示要提倡（展示率≥90%）。三是面向全体、关注个体（6 要），教学要面向全体，课堂要全程关注，学生参与要积极（参与度≥90%），教师要因材施教，作业要差异分层，培优补差要常态化。四是问题导向、活力课堂（6 要），要用启发式教学，要用多元直观教学，要用理论联系生活，要用激励性评价，要用智慧激发兴趣，要用激情焕发热情。五是目标落实、人人进步（5 有），"双基"有保证，思维有发展，情感有升华，测评成绩有提高，教学目标有落实。

模式中的"5"和"X"分别代表师生广泛认同的最基本的五个最有效的课堂环节和 X 个特色教学环节。"5"主要包括学情了解、问题引入、自主学习、合作探究、效果反馈五个基本环节；"X"主要表示课堂教学中的 1 个或几个特色环节，特色环节主要体现学科特点、学段特点、课型特点、教师和学生特点，此环节教师可以根据教学需要任意插入五个基本环节之间。

为确保高效课堂的有效创建，永定分校构建起"四级"教学评价体系：第一级为校级评价中心；第二级为学科组综合评价和年级组跨学科评价；第三级为集备组同伴互评、学生课堂反馈测评；第四级为教师自身教学质量评价。

五、学生实现"德、智、体、美、新"全面而有个性发展

在学生培养方面，学校坚持五育并举，保障德智体美劳全面发展，综合素质全面提升。学校德育效果显著，许晓菡荣获 2017 年"首都百名最美少年"。在北京市青少年运动会上，学校在柔道、射击、赛艇、跆拳道等项目上摘得十多块金牌。在区田径运动会的成绩更是逐步提升，由 2013 年第九名上升到 2014 年的第六名、2015 年的第四名、2016 年的第一名。2016 年，在全市校园班级足球联赛中，一举夺得北京市亚军。2017 年，李国扩获得市运会 1500 米和 3000 米双料冠军；体育特长生近 30 人被中央民族大学、北京体育大学、首都体育大学等名校录取。近年来学校艺术教育快速发展，学校成功申报北京市金帆书画院。学生在各类比赛中学生获奖达数百人次，2016 年姜依萍、王嘉文分别荣获北京市艺术节京剧金奖和绘画金奖，2017 年安浩然同学荣获第八届"国戏杯"全国学生戏曲大赛一等奖。学校重视学生的创新能力的培养，连续五年均有学生入选北京市正式翱翔学员，100 余人荣获北京市雏鹰建言活动一等奖，各类创新类竞赛获奖人数达 800 余人。

六、教科研成绩进步显著

2013 年 9 月，永定分校首次获批北京市"十二五"规划课题，实现市级科研课题零的突破。目前，学校已被评为北京市科研先进校。近

年来，先后成功申报《以"地球科学"为核心的校本课程体系建构与创新人才培养的研究》《微视频结合视频分析技术在山区中学物理实验教学中应用的实践研究》等北京市"十二五""十三五"市级教育规划课题五项，区级教育规划课题 30 余项，北京市党建研究会和市级教育学会课题若干项。

七、社会认可度不断提升

10 余年来学校实现跨越式发展，2014 年跻身北京市优质中学行列，先后被评为北京市科研先进校、北京市综合素质评价先进校、北京市中小学文化建设示范校、北京市信息技术先进校、北京市体育传统学校、北京市艺术特色校、北京市重点开放实验室建设校、全国青少年校园足球特色校、北京市国防教育示范校、北京市综合素质评价先进单位等荣誉称号。随着教育教学水平的提升，永定分校的社会影响力不断攀升。2016 年 11 月，学校召开市级教育教学改革实践研讨会，引起强烈反响，得到了北京师范大学、北京市教科院专家领导的高度评价，新浪网、人民网、现代教育报均有报道。同时，学校向门头沟区友好校推广实验成果，以促进区域间教育教学的共同受益；并召开市级教学改革实践研讨会，向全市范围内推广成果。2015 年 11 月，徐骏校长在全国第四届中国现代学校联盟论坛做"依托特色文化资源构建幸福课程体系"主题发言，得到与会领导专家的好评；2016 年 5 月，徐骏校长在北京市首届北京名师名校长论坛上做"基于幸福文化核心价值的学校组织变革"主题发言，引起了来自其他学校校长的共鸣；近年来，学校接待来至全国各地学习考察者人数达数千人，幸福课堂模式和办学特色得到了社会各界的广泛认同。

第二节　首都师范大学附属中学第一分校

回首过往，2010 年 3 月首都师范大学附属中学受海淀区教委委托，承办了原北京市育强中学，更名为首都师范大学附属中学第一分校。一分校秉持首师大附中教育理念"正志笃行、成德达才"（简称"成达教育"），旨在培养品德优秀、才能通达的人才，在教育教学管理上与附中做到"六统一"，即统一管理、统一课程、统一培养、统一教研、统一测评、统一培训。全体干部、教师砥砺前行，带动学校发展驶入"快车道"。近年来，学校开启了"卓越教育"综合改革实践，以科研活动为抓手，提升教师业务水平，整合科研资源，促进学校迅速发展。

在附中教育集团的引领下，一分校干部教师上下同心，直接反映到中考成绩顶端数据的变化：2015 年中考进入海淀区前 500 名有 10 人，前 1000 名 21 人。2016 年，总分（裸分）进入海淀区前 178 名 1 人，前 300 名 2 人，前 1000 名 7 人。传统意义上的市重点中学达线率占创新实验班学生数的 60%。全体学生优质高中达线率（区招办预估线）达 38%。初三毕业生考入市、区示范高中的比例从 2010 年的 20.9% 增加到 2020 年的 48.15%。

一、卓越教育

学校依托首都师大附中的优质教育，并积极整合周边丰富的办学资源和条件，在附中"成德达才"教育（简称"成达教育"）的引领下，结合一分校是纯初中义务教育的特点，设计实施"卓越教育"与附中

"成达教育"对接的模式，深度融合了附中"成达教育"的理念，也凸显一分校面向初中生教育必经的"成达"过程。"卓"的意思是高超，不平凡；"越"的核心意思是超出，合在一起是"高超出众"。根据初中学生年龄、生理、心理发育的特点，面向精力充沛、渴望成长的初中生开展有针对性地、挖掘其潜能和追求卓越的教育，为初中学生"扣好人生第一粒扣子"。

学校坚持文化育人，以文化办学实践体系建设为抓手，从七个方面有针对性地加强文化建设，即管理文化建设突出"和谐"，课程文化建设突出"拓宽"，课堂教学文化突出"人本"，教师文化突出"立德"，学生文化突出"修品"，公共关系文化建设突出"引领"，校园环境文化建设上突出"平安"。

学校秉承首都师大附中"自觉、勤奋、求实、创新"的校训，以"仁爱、求真、尚美"为校风建设目标，以"德人、博教、雅范"为教风建设目标，以"明礼修品、求真尚美"为学风建设目标，依托首都师大附中优质的教育资源，紧紧围绕教育教学中心工作，坚持"追求卓越，做更好的自己"的办学理念，逐渐形成了纯正、鲜明的校风、教风、学风。制定我校"书香校园、智慧校园、优雅校园"的三园发展目标，全面提升学校的核心竞争力。

二、教师队伍建设

自承办以来，学校从专任教师不足 30 人，师资结构不合理发展到如今相对完整的教师队伍，与首都师大附中的定向帮扶是分不开的。从2010 年 7 月起，首都师大附中派出了包括管理干部和骨干教师在内的十几人的师资队伍，开启了一分校全新的历程。目前，我校任课教师79 名，其中北京市特级教师 1 人、北京市学科带头人 1 人、北京市班主任带头人1人、海淀区学科带头人6人、海淀区骨干教师8人、海淀区德育带头人1人、海淀区班主任带头人1人；高级教师21名，一级教师40人；硕士学位教师33人，占教师人数的41.8%。

　　教师队伍是学校优质发展的关键。教师队伍是由教师群体和个体组成的，学校教师群体的优秀体现在"教风正"，教师个体的优秀体现在"师德高"和"业务精"。为此，一分校采用价值先行、导向明确策略，对包含教师群体与个体的教师队伍提出教风正、师德高、业务精的要求。扎实的知识功底、过硬的教学能力、勤勉的教学态度、科学的教学方法是老师的基本职业素质。"水之积也不厚，则其负大舟也无力"，知识储备不足、视野不够，教学中必然捉襟见肘，更谈不上游刃有余。因此，积极推进教师专业发展走向新高度，就必须让教师们始终处于学习状态，站在学科教育发展前沿，刻苦钻研、严谨笃学，不断充实、拓展，提高自己的专业水平。为此，学校开展了一系列扎实有效的校本培训工作，努力实现校本培训工作的规范化、制度化，增强操作性、有效性，从而促进教师专业发展。学校以学科教研组为单位，加强学习研究型组织建设。学校拟定实施分层培养工程，分为新入职教师、青年教师培养、骨干教师培养、党员教师培养四个层次，来实施培养计划。充分考虑教师的需求，以简报等方式有针对性地推荐课程创新和前沿理论的书籍及文章给教师学习，力求开阔教师的视野，提高教师的理论水平和业务能力。让教师们定期分享研究成果，开展教学科研研讨，分享研究成果，激发研究灵感，激励教师取得更好的专业化发展。

　　从以上情况来看，一分校的教师队伍已经发生了翻天覆地的变化，名师、骨干教师的比例大幅提升，青年教师的学历水平大幅提升，为了促进教师的专业发展，使教师更快成长，实现学校"立德、树人、养范"的发展目标，学校还通过系统规划、科学设计，做到学校搭平台、教师站前台、学生站中央，以教师学习共同体为抓手，全面建设研究、学习型教师队伍。首都师大附中一分校教师刘春芳曾说道："集团化办学以来，我是集团办学模式下一分校快速发展的见证者和参与者。附中先进的教育理念也慢慢渗透到一分校，让我这样的年轻教师教育教学的能力得到了快速的成长。"

三、办学条件

2012 年，在海淀区、首都师大附中教育集团的协调和指导下，学校开始了整体改造，并于 2013 年 9 月正式投入使用。学校建成后，建筑面积由原来的 8000 多平方米，更新为 19985 平方米。同时，建成能容纳 480 人的红旗报告厅、拥有标准篮球的育强体育馆、专业的舞蹈教室、地理教室、数学科学实验室、可供 400 人同时就餐的地下食堂、容纳 50 余辆车辆停放的地下停车场等。学校经 2010 年集团承办以来，硬件设施得到了巨大的发展，学校资产大幅增加。良好的硬件设施为学校发展、学生成长、教师专业化发展提供了坚实的基础保障。

四、打造优质课堂

坚持课堂育人，聚焦学生核心素养培养，注重发挥课堂育人功能，首都师大附中一分校积极倡导教师优化课堂教学，将课堂育人落实到教学设计和教学行为中。因此，学校紧抓教师落实"学科育人"与"学科核心素养"工作，引导教师在教学方式和方法上积极改进，使教师从关注自身工作中的"教"逐步转变为关注学生的"学"，让课堂教学服务于学生学习。

学校重点帮助教师认识学生核心素养与学科核心素养的区别与联

系，引导教师将本学科核心素养的内容与具体的学科课堂教学内容之间的关系厘清，让教师在课堂教学中做好学科育人工作。以语文学科"绿色成长"德育项目为龙头，一分校积极引领课堂育人水平的提升。语文学科教师团队，在课文单篇阅读教学、红色经典名著阅读课教学、语文学科实践活动教学等多个内容，积极探索语文教学中渗透学科德育的有效途径和方法，不仅形成了典型经验，还辐射至历史、地理、道德与法治、心理等学科，促进了学校课堂育人整体水平的提升。

（一）强化学生课堂自我管理

面向学生，学校提出课堂学习四个要求——"礼貌、参与、表现、进步"，强化学生作为课堂主人的自我管理。学校以生为本，提出学生自我管理的九条建议：第一，相信自己；第二，在精神和身体上做好学习准备；第三，每天准时到校和进班学习；第四，采用计划的办法管理好自己的学习时间；第五，在课上做好笔记并及时地提出遇到的问题；第六，会利用课本及课程资源学习；第七，会使用图书馆以强化自己的学习；第八，在你需要的时候寻求帮助；第九，尊重他人、尊重环境和尊重自己。通过强调管理强化学生作为课堂学习主人的意识，学会在日常学习中管理好自己。

（二）引领教师聚焦课堂改进

通过听常规的推门课、教师自评、与教师面谈等系列细致课堂听课观察与总结工作，帮助教师树立学科核心素养培养意识，做好单元整体设计，有效实施课堂教学，发挥评价育人功能，不断改进课堂教学，提高课堂教学育人水平。

教师要立足课堂，从条件、基础、重点三要素抓起，倡导把握学科本质，实现学生深度学习，推进课堂改进。学校从不断丰富学科课程资源建设抓起，确保课堂教学改进的条件得到保障；从教学设计的科学性与规范性抓起，依据课程标准，夯实课堂教学改进的基础；从课堂上学习任务的恰当性抓起，遵循学习规律，引导学生持续深入参与学习活动，主动建构学科核心观念，形成解决问题的思路，提升学习的参与性与反思性，突出课堂教学改进的重点内容。

（三）鼓励课题研究促进课堂改进

学校鼓励一线教师立足课堂教学实际，开展课题研究。例如，语文组以课题研究为契机，全面探究整本书阅读的教学策略、设计教学活动、建设阅读课程，初步积累了一系列颇具特色的教学案例，并形成了囊括策略指导、活动设计、课型开发等几个维度的整本书阅读课程。因此，教师的教学水平也得到了快速提升，学生的阅读成果覆盖面广、展示呈现常态化特点。

五、注重内涵、形成特色，办学质量稳步提升

承办以来，学校依托首都师大附中优质教育资源，紧紧围绕教育教学中心工作，聚焦教育综合改革，推进综合素质评价模式创新，做到全科育人、全程育人、全员育人和实践育人。

学校的教学质量和学生的综合素养均有了大幅提升。初三毕业生考入市、区示范高中的比例从 2010 年的 20.9%增加到 2020 年的 48.15%，学生获得市、区级以上奖项从 2010 年的 100 余人次增加到目前的 330 余人次，教职工获得市区级以上奖项从 2010 年的 20 余人次增加到目前的 300 余人次。2019 年 6 月 12 日，学校成功举办了主题为"智然上进、慧而胜己"的新优质学校建设成果展示活动，受到与会专家、领导、家长的一致好评。

近年来，学校被评为首批北京市中小学文明校园、北京市校园文化建设示范校、中国教育科学研究院全国骨干校长和教师研修基地校、中国科学技术馆首批校馆结合基地校、中国教育学会国际交流与合作能力

提升项目实验校、全国未成年人生态道德教育示范校、学会国际交流与合作能力提升项目实验校、全国未成年人生态道德教育示范校、"希望中国"青少年英语教育戏剧研究院示范基地、海淀区科技教育示范校、海淀区对台工作基地校、海淀区京台交流基地校、海淀区艺术教育示范校、海淀区冰雪试点校、海淀区教育系统先进工会、海淀区交通安全先进校、海淀区优质示范学校等荣誉称号。

第三节　首都师范大学附属中学大兴南校区

首都师范大学附属中学大兴南校区是一所九年一贯制公办学校，成立于 2012 年 9 月。学校总占地面积约 120 亩，29 个教学班，960 名学生，专业教室 20 个，实验室 6 个。400 米标准操场，多功能体育馆，完备的图书馆，精致的心育中心，应用广泛的校园网络，构建成了一所充满文化气息的现代化书香校园。

一、原色教育

学校传承首都师大附中质朴而隽永的办学风格，秉承"正志笃行、成德达才"的办学理念，恪守"自觉、勤奋、求实、创新"的校训，基于学校建设与发展，结合地域性、人文性的特点，在继承中深化办学理念内涵，在发展中凝练"原色教育"办学思想。"原色"即本色，本色守正，方可特色鲜明，生命出彩。"让每个生命都出彩"是学校的办学方向。在南校区的 9 年里，孩子将完成其人生的坚实奠基——从"童蒙养正"再到"少年养志"到"成德达才"。

首都师大附中大兴南校区与坐落于教育高地海淀、有着成熟办学体系的总校不同，这是一所面向农村孩子的九年一贯制学校，学校建在美丽的北臧村地区，浓郁的乡土气息与附中先进厚重的学校文化碰撞出绚丽而独特的火花。在学校不断建设与壮大的过程中，学校文化的建构非朝夕之功，也不能生搬硬套，还是要凝华人文特点，结合地域性特征，从农村实际出发，在继承中深化附中办学理念内涵。在南校区文化基因中，不可忽视的是有着几十年办校历史的北臧村中小学，这两所学校的老师和所有农村校的老师们一样，朴实、安静、善良。在附中现今办学理念的引领下，南校区逐渐在发展中确立"原色教育"办学思想，这与本部理念遥相呼应，一脉相承。

学校办学理念将"人"的培养放在核心位置，因此学校办学目标确定为"让每个生命都出彩"。作为一所九年一贯制学校，"童蒙养正，少年养志"，遵循教育规律，把握教育本质，从本心出发，本色做教育，让学生在学校九年的成长中打好人生的底色，为未来发展奠定坚实的基础，这是每位南校区干部教师的教育梦想。在学校"正志笃行、成德达才"办学理念的基础上确定育人目标，四个目标与"志行德才"的内在品格相呼应，而且层级递进。身心健康是基础，志向高远是动力，素养良好是能力，特长明显是个性。在学校课程的浸润下，孩子们首先具备良好的身心素质并树立一定的人生目标，在实现目标的过程中综合素养得以提升，自我个性得以发展。

二、教师队伍

教师的专业发展，体现了学校积极向上的教学张力与整体的文化氛围。大兴南校区是一所新建校，整体师资队伍年轻化，全校教师平均年龄33岁左右。为建设一支师德优秀、专业素养高、蓬勃向上的教师队伍，学校根据实际情况，确定了教师队伍建设整体框架与战略，通过

"素养提升工程"，努力打造一支有梯队、有名师、有影响的教师队伍。学校现有教职员工113人，其中博士学位2人，硕士学位32人，学科带头人2人，学科骨干教师11人，骨干班主任3人，北京市"紫禁杯"优秀班主任2人，35周岁以下青年教师占教职工总人数的70%，是一支坚守初心、勇于创新的教师队伍。

专业化教师校本培训。系统设计面向全体教师、新入职教师、骨干教师、潜能型教师、经验型教师，设计出了不同层面与不同需求的专业发展培训方案，通过通识性培训、学科改进高端培训、职业规划培训、实践活动交流式培训、科研引进式培训的方式提高教师对新理念的认识，加强创造性落实效果。

捆绑互助式校本研修。学校启动了"一师一伴"成长共同体项目。现有23对师徒，10对研修伙伴。"成长共同体"充分发挥经验型教师优势与榜样带动作用，充分调动潜能教师工作动力与向心力，全面促进教师专业发展与教师队伍凝聚力激发。

内涵式科研引领。以课题研究为抓手，促教师学习、促教师思考、促教师提升，引领教师专业成长。自2015年开展"雁阵行动"以来，每年都会有3~4个课题的加入，学校的科研氛围越来越浓郁。学校共有13个市、区级课题，2个校级课题，每名教师承担或参与课题研究。学校形成了基于问题开展研究、基于研究解决问题的科研良性循环。

大兴南校区设计并实施了教师队伍建设"团队、梯队、领队"系列工程，竭尽所能地为每位教师的专业成长搭建各种平台，让老师们能够在向上的教育场中蓬勃成长。几年内，学校在仅有5名骨干教师的基础上，培养出了一支有梯队、有名师、有影响、有活力的优秀教师队伍。市区级学科骨干人数是建校初期的3倍又余，多名教师在"启航杯""新星杯""卓越杯"上崭露头角，在市区级各类比赛中屡获大奖。

三、"原色+"课程体系与智慧课堂

学校构建并实施"原色+"课程体系。"原色"指红绿蓝，是基本色，是底色。"+"是无限，是调和、融合，是炫彩的形成。我们的"原色+"课程丰富而开放，红色维度的国家课程是我们坚守的根本，规范严谨地落实；绿色维度的延伸课程是我校师本原创、生本实施的特色课程；蓝色维度的兴趣课程是针对学生的特长，可供选择的定制课程。

目前，我校开设包涵科技、艺术、体育、人文四大类共计34门校本课程，供学生选择。其中，科技类课程8门、艺术类课程10门、体育类课程7门、人文类课程9门。

学校还实施"文化行走"系列研学课程。孩子们立足北京，心行天下。在行走中感受晋商、爨底下、古北水镇、西安、承德、白洋淀等体现出的历史韵味，体验成长，在实践中内化反思提升，让学生遇见更广阔、更美好的世界。

疫情期间，在大兴区"五育并举九板块"的统一指导下，我们自主研发升级完善了基于学校"原色+"课程内涵下的延期开学"N自主成长1.0"模式和线上学习"N自主成长2.0"模式。

学科改进的落实关键在教师，教师理念的引领关键在教研组，凝聚引领教研组至关重要。学校开展了"智慧课堂"建设，各教研组在学校整体设计下，结合学科特点，凝聚共识，形成团队特色。目前，"智慧课堂"建设已落地、生发、创新，形成了南校区"智慧体系"："智慧约课"开展，为"智慧课堂"创建提供优质课堂的引领与呈现；"智慧观察"活动，为"智慧课堂"创建提供研究的方式和专业的角度；"智慧超市"营业，为"智慧课堂"创建提供研究实践的空间；"智慧

教师"评比，为"智慧课堂"创建提供研究动力与智力支持；"智慧实践"的实施，为"智慧课堂"创建提供研究的视域和广阔空间；"智慧研究"的落实，为"智慧课堂"创建提供思路延伸的有效途径。

四、家校协同

学校通过"多彩家校"项目，促进双向融合，提升育人效果；通过成立家长委员会，开展"智慧家长"评比，开设家长论坛，建立家长档案等形式，倾听家长心声，听取家长意见，用家长中的优秀经验、典型事例，加强对全体家长的引领，发挥家长、带动家长的作用，收到良好效果。此外，各年级还通过组织不同形式的家长开放日，增强家长对学校办学理念、学段工作、学科教学的了解；成立北京市首个"家长社团"，让南校区的家长们体会到别样的"教育福利"。

五、成绩荣誉

自 2012 年建校以来，首都师大附中大兴南校区在"止志笃行、成德达才"办学理念的引领下，在"原色教育"办学思想的指引下，致力于"让每个生命都出彩"的办学愿景，传承中突破创新，发展中凝华提升，办学质量逐年提升。学校从一所底子薄弱的农村校迅速发展成为当地百姓认可的好学校。特别是近三年来，中考总成绩在全区排名持续提升，高分段学生比例持续增长，高中录取率持续增加。三年三个台阶，三年三个跨越，三年三个层级。一批又一批学子，乘风破浪，龙门一跃，出彩成长。2020 年中考，全区总排名第 14 位，500 分以上学生38 名，较之 2019 年增加 16 人，提高 4 个百分点。考入北京八中、北师大附中、民大附中等市级优质高中学校人数也逐年攀升。

原色教育为每位学生的终身发展打实了厚重的人生底色，成就了莘莘学子的梦想。学校被评为"国家级足球特色校""国家级篮球特色校""全国综合实践活动课程研究与实施先进学校""全国和谐杯高效教学博览会团体金牌奖""北京市课程建设特色学校""北京市基础教育科研先进校"等荣誉称号。

第四节　首都师范大学附属中学大兴北校区

首都师范大学附属中学大兴北校区成立于 2013 年 9 月，依托首都师大附中得天独厚的办学条件，由首都师大附中负责管理，隶属于大兴区教委。在办学理念、规章制度、管理模式、教学质量、师资标准等方面均与总校统一，把原汁原味的首都师大附中的优质教育带给大兴区人民。校园环境优美，多途径改造开发学生的运动场地、场馆，各种体育设施齐全。班级、教室教学设施、设备齐全齐备，所有教室均配有现代化触摸屏多媒体设备，是一所具有现代化规模、充满文化气息的高质量学校。

学校办学规模迅速成长，从 2013 年 8 个教学班、189 名在校生、34 名教职工成为现今 9 个年级 45 个教学班、1600 名在校生、129 名教职工。大兴北校区取得的成绩十分瞩目：2016 届第一初中毕业生中考成绩排名大兴区第 12 名，2019 届、2020 届连续两届毕业生中考成绩位居大兴区第 4 名，中考第一名的岳起贤同学成绩为全区第 8 名；2019 年第一届小学毕业生毕业考试英语成绩在全区 58 所学校中排名第 1 名，数学成绩为全区第 3 名，语文成绩为全区第 5 名。

一、成达·致远

北校区充分利用集团办学的优势，积极传承首都师大附中百年名校的文化底蕴与办学理念，形成自我发展、自我提升、自我创新的内在机制，以人的发展为基础，以社会发展为目标，以民族发展为动力，厚植中国精神基因，秉承附中"成德达才"育人理念，确立"为每一位学生终身成长奠基"的办学理念，以"成达·致远"教育为核心，全面培养学生的核心素养和关键能力，为学生的终身成长服务。学校致力于培养学以致用、志存高远，即"全面发展+突出特长+创新精神+高尚品德"的适应未来、创造未来的时代新人。

二、教师队伍

学校发展更上一层楼，教育教学屡创佳绩，离不开北校区教师队伍的建设。正是这样一支有朝气、有活力、有劲头、有实力、素质过硬的队伍，推动着学校的前进与上升。

在2013年建校初期，学校共有大兴区学科带头人1人，大兴区骨干教师3名，占总人数的11.7%。发展至今，学校大兴区学科带头人增长至9人，大兴区骨干教师增长至16名，占总人数的21.4%。学科带头人增长5%，骨干教师增长6%。另外，我校教师中北京市"紫禁杯"班主任1名，在学校的德育工作中也发挥了榜样带头作用。学校中小学教师在国家级课堂教学、教学论文评比等活动中，累计获奖50余次；在北京市各项教研论文、课堂教学展示、"紫禁杯"班主任等各项评选活动中，获市级奖项100余项；在大兴区各项荣誉评比、教育教学评比等各项活动评比中，我校教师累计获奖300余项，多位教师曾在大兴区基本功考核、教师专业能力考核中荣获一等奖。

作为新建校，全校教师平均年龄为 31 岁，35 岁以下的教师占教师总人数的 70.9%。他们之中，具有硕士研究生学历的教师 44 人，不乏北京大学、人民大学、北京师范大学、吉林大学、东北师范大学、首都师范大学、爱丁堡大学等国内外名校的毕业生。这样一支高学历、高素质的青年教师队伍，思维活跃，勇于创新。五年来，教师积极参加区、市、国家组织的各项评比活动，在多个领域斩获奖项。其中教学成果奖国家级共获得 32 项、市级共获得 171 项、区级共获得 490 项；教育成果奖国家级共获得 21 项、市级共获得 47 项、区级共获得 215 项；学校共 26 名教师主持或参与国家级课题、21 名教师主持或参与市级课题、37 名教师主持或参与区级课题。

教师队伍的成长，离不开首都师大附中教育集团与大兴教委为老师们搭建进修学习的桥梁与平台，实现大兴与海淀同进修。近年来，首都师大附中本部派出多名特级教师及学科带头人、骨干教师，与学校聘请的市、区级学科专家、教研员一起，定期到相应教研组进行深入指导，对大兴北校区教师进行主题明确的视导和培训，通过诊断式的听评课活动，促进教师整体教学水平的提升。

教师队伍的成长，也离不开学校与教师自身的不懈努力。五年来，学校创设各种条件，激发教师参与理论学习和实践研究的热情，让师资队伍建设呈现内涵化发展，令青年教师得以快速成长，特色教师得以施展才华，大批名优教师不断涌现。

三、一体化九年贯通发展

首都师大附中大兴北校区始终秉承本部"成德达才"的育人理念，恪守"自觉、勤奋、求实、创新"的校训，提出了"为每个学生未来发展奠基"的办学思想，确立了"修身、立德、树人"的教师发展目标和"博闻广见、卓有通识，内外兼修、知行合一"的学生发展目标。学校推行"九年贯通发展"，打破学段壁垒，充分发挥九年一贯制学校的优势。

大兴北校区以跨学段课程为切入点，形成"一体化九年贯通发展"的路线。"一体化九年贯通发展"是以中小学德育建设和课程开发建设为核心内容，遵循渐进性、衔接性、长远性原则，形成创新的、适切的"一体化设计"内容。

（一）一体化贯通博识课程，注重知行合一，注重共建共享

首都师大附中以"博闻广见、卓有通识，内外兼修、知行合一"为学生发展目标。借助教育集团的平台、附中的诸多品牌课程，得以跨区域共建共享，落地生花。

如本部至今开设近20年的博识课，让无数学子在走出校园，走进博物馆、科技馆、名人故居的同时，提升了为孩子一生奠基的人文素养。大兴北校区自2013年建校起，就将首都师大附中本部的博识课引入大兴。在继承了本部中学博识课程的同时，又开发了适合大兴区区情、符合北校区学情的小学博识课程。小学博识课程为中学做铺垫，中学博识课程为小学做引领，从而开启铺垫引领的博识之路，实现了一体化贯通型博识课程的开发。课程以促进学生的个性发展为目标，同时促进了教师专业发展及学校的特色形成。

经过6年的努力，大兴北校区出版了1~8年级全套博识校本教材及系列博识成果集。贯通型博识课程的开发，收到了学生、家长和社会的一致好评，同时得到了大兴区教委的重视与肯定。我校多次受邀在大兴区教委组织活动里做重点发言与展示。

（二）一体化贯通型直升课程，注重融合发展，注重终身学习

作为首都师大附中教育集团旗下的一所九年一贯制学校，学校在贯

通型课程方面的探索与思考从未止步。凭借本部的优质资源，学校得以站在新中高考的基点上，重新审视小学、中学学段在学生终身发展链条中所处的功能地位，慎重思考如何为国家培养具备终身学习能力的未来公民。

为了让小学、中学对学生的培养，从内部结构实现有效链接，学校建立了全校教师跨学段的大教研模式，实现小学部与中学部的融合发展，成功搭建了中小学一体化的培养通道。小学一年级新生从入学开始，他们所接受的每项知识与能力的培养，都是以中学毕业时所需要达到的发展水平为标准，进行规划。

经过六年探索，大兴北校区在贯通型课程体系中又创设了直升课程。学校小学六年级的学生和家长，可以在中学部教师的课堂中，感受整本书阅读的魅力，体验大气压强的神奇，探秘化学与生活的联系，聆听历史情境的智慧，求索地理现象的奥妙。学校创建的开放日活动也让学生和家长们收获颇多，意犹未尽。

集中优质教师资源，开设直升课程，使学生在贯通型课程的实施中，一以贯之地接受系统而连续的教育，保证学生实现有步骤的成长过渡，更好地推动了学生素养的发展。所以，直升课程让学校在贯通培养的发展之路上又跨进了一大步。

（三）一体化贯通选修课程，注重面向人人，注重因材施教

首都师大附中把对"人"的培养视为教育的终极目标，注重面向个人，因材施教。大兴北校区秉承本部"以人为本"的教育理念，开设了分学段、全员参与的校本必修课程和发展学生个性的自主选修课程，意在全面提升学生素养，发展学生个性。

在校本必修课程中，学校面向全员，开设博识、舞蹈、书法、足球、国学课程。此外，一、二年级开设礼仪、围棋、攀登英语、自主识字等课程；三、四年级开设 steam、电钢、心理等课程；五、六年级开

设诵读、口风琴等课程；七、八年级开设传统文化、科学实践等课程。

在自主选修课程中，学校开设了艺术、科技和体育三个大类的课程。小学部开设校外选修 23 门，校内选修 9 门。中学部开设课外选修课 20 门，学生社团 8 个。内容涵盖未来工程师、人声伴奏合唱、烙画、影视表演、街舞、国际象棋、足球、篮球、乒乓球、航模、海模等。选修课程结合学生的年龄特点和兴趣爱好、依据时代特征而开设，本着"多元、适应、综合、选择"的原则，学生自主选择。横向上，满足了学生多元发展需要。纵向上，实现了学生个性培养的贯通。

（四）一体化贯通主题作业，注重以德为先，注重全面发展

作为学校打通中小学学段壁垒，实现"九年贯通发展"的重要抓手，学校从 2016 年开始组织教师编写了以"文明、和谐""榜样"等为主题的寒假作业和以"友善、平等""爱国"等为主题的暑假作业。作业以社会主义核心价值观为导向，以促进学生建立核心素养为标准，融入中国传统文化，将各学科知识进行有机整合，与中高考改革相契合。

主题作业体现以下三大特点：一是"和而不同，止于至善"，内容上横向实现了学科间内容的整合；二是"循序渐进，精益求精"，在纵向上关注了各学段间知识脉络的联系；三是"螺旋上升，全面发展"，难易程度上从一年级至八年级呈梯度变化，旨在将学生培养为综合素质突出的未来新型人才。这项作业是我校扎实落实课程建设取得的突破性进展，对我校的课程建设而言具有里程碑意义。

四、学生风采

作为在科技教育方面拥有北京市领先地位的中学，首都师大附中率先建设了先进的青牛创客空间，让创客教育从此真正在首都基础教育落

地。依托教育集团的这一资源优势，大兴北校区学生多次走进总校，交流创客思想，动手设计、制图、编程、切割，学生带着完成的作品参加了首都师大附中本部举办的首届"青牛杯"科技艺术创想邀请赛，取得了优异成绩。学生在比赛和交流过程中开阔了眼界，学以致用，提高了创新意识，增进了团队合作精神。

首都师大附中大兴北校区的学生武心岚提到自己的感受："在这里，我已经生活五年了。这五年，是我与大兴北校区共同成长的五年。作为一名小学生，我感到骄傲。"五年来，学生在"老师您好　我的好老师""阳光校园　我们是个好伙伴""红旗飘飘　引我成长"等德育征文中，共获奖 270 余人次；在"创新杯"征文大赛、中华诗词大赛、英语短剧演讲等传播知识的智育类活动中获奖 370 余人次；在大兴区"月季杯"足球联赛、大兴区足球班级联赛、大兴区啦啦操、健美操、网球比赛等体育类活动中获奖共 260 余人次；在儿童剧、舞蹈等塑造灵魂的美育类获奖 100 余人次。我校还获得了"服务育人先锋"等称号。这些傲人的成绩，都展示了大兴北校区的素质教育成果和学生风采。

第五节　首都师范大学第二附属中学

首都师范大学第二附属中学创办于 1964 年，其前身是北京市花园村中学，现有增光路和彰化路两个校区，是海淀区一所在校生近 2000 人的中学。2014 年 3 月，在北京市教育优质均衡发展背景下，由百年名校首都师范大学附属中学承办。两校统一管理、统一课程、统一培训、统一教研、统一培养、统一测评，开启了首都师大二附中发展的新征程。

首都师大二附中充分发挥与总校区位相邻的优势，不断完善"弘美教育"体系，学校教育教学质量持续提升，成为名副其实的热点校、区新品牌学校。中考成绩由原来海淀区中下的位置，近年来稳定保持在海淀区公办学校前 10 名；中招录取分数线承办前为 481 分，承办之后的第一年增长了近 30 多分，第二年又增长了 20 多分，承办 6 年现在稳定在 540 多分，一共提高了 60 多分；高考成绩连续三年不断刷新历史新高，一本率从之前不足 50% 提升至 80% 以上。

一、办学条件

首都师大二附中增光路校区是坐落在繁华闹市中静谧雅致的古风别苑。先不说它的飞檐斗拱、朱漆广厦，也不说它的亭台水榭、雕廊画栋，单是春日里玉兰吐华、海棠飘香，就足以让人感受到校园的恬静之美。这里古风雅韵的建筑群体承载着功能齐全的现代化教育教学功能，学术厅、小剧场、篮球馆、舞蹈书法绘画教室、演播厅、创客"雲工坊"、STEAM 实验室、理化生学科实验室等一应俱全，堪称设计精致、布局精美、功能齐全。二附学子就在这样精致玲珑的育人场所中不断得到涵养与提升。彰化路校区综合改造工程即将实施。工程改造后，彰化路校区将增加校园建筑面积 12000 多平方米，届时游泳馆、篮球馆、艺术剧场、图书阅览馆、学生餐厅、高端实验室等硬件设施的完善将极大地提升学校办学条件。

二、弘美教育

学校认真梳理办学历史，提炼文化亮色，确立了以"立仁、弘美"为核心价值的文化理念。"弘美教育"成为全校师生共同的价值追求。"弘美"意为弘扬美善，使之光大。"立仁书院，弘美花园"是首都师大二附中的办学目标，意为把学校建设成"传播爱的书院，弘扬美的花园"。

有了核心办学理念，一张"弘美教育"的宏伟蓝图在首都师大二附中铺展开来——依托"弘美教育"的管理文化和环境文化，建构"弘美课程"文化，打造"智美课堂"，培育德才兼备的"魅力教师"和"依于仁、志于学、游于艺的俊美学子"，学校各项工作均开启了"弘美模式"。优秀的学校文化、先进的办学理念、明确的目标方向，成为师生共同的精 DNA，凝聚起各方力量形成合力，专注教育，引领学校实现优质、快速发展，合力铸就海淀教育的新品牌。

三、高品质校园生活

学校民乐、合唱、舞蹈、健美操、戏剧、书画等艺术社团多次在北京市艺术社团展演中斩获大奖。弘美戏剧课程中"话剧课程""曲艺课程""音乐剧课程"的开设，使学校普及型艺术教育水平更上一层楼。短短四年时间，学生排演了经典改编剧《红岩》《茶馆》《雷雨》《罗密欧与朱丽叶》《秘密花园》《四世同堂》、音乐剧《悲惨世界》《堂吉诃德》、校园原创剧《星期三之约》等，深受师生、家长及戏剧专家的好评。机器人、卡魅等科技类选修课程也突飞猛进，学校与中科院联合开发的物联网课程、STEAM 课程深受学生喜爱。创客空间"雲工坊"的落成极大地丰富了同学们的创意生活。校本研发的博识类课程，充分借助北京丰富的博物馆和科研院所等校外资源，将学生课堂学习拓展到专业场馆和科研基地中，让每位学生都找到绽放自己的空间，充分享受高品质的校园生活。

四、教师队伍

首都师大二附中拥有一支师德素养高、业务水平好、学习能力强、敬业爱生、扎实进取的教师队伍，学校专任教师平均年龄 36～37 岁，具有十余年的从教经验并且正值青壮年，是学校发展的中坚力量，推动着学校教育教学工作的快速发展。学校本着"打造学术型教师队伍"这一宗旨，提出"一要有学问，二要有品位"两点标准，激励教师们争当"魅力教师"，实现高层次发展。无论是特级教师、学科骨干教师，还是正在快速成长的青年教师，都努力提升自己的专业水平，成就优秀的二附学子。为保障教师发展，学校多渠道、多形式地开展校本研修，通过专家引领、师徒结对、集团教研等形式促进教师快速成长，提升教师的专业能力。

学校将课题研究渗透到各个领域，用课题研究提升教师的研究意识和能力，解决学校发展中的实际问题。《首都师范大学第二附属中学"弘美教育"理念与实践研究》《首都师范大学第二附属中学校本研修的策略研究》《首都师范大学第二附属中学"弘美课程体系"构建与实践研究》等市级课题的研究在理论和实践层面带动了学校的发展，并以此为"龙头"形成了由近百项子课题组成的课题群和课题链，聚焦了学校发展中的关键问题和重要领域。

近年来，全校教师在国家级刊物发表文章，获得国家、市、区各类奖项共计一千余人次。仅 2017 年全校教师参与市、区级课题者总计达 130 余人次，荣获市、区级各类教学技能比赛奖项达 150 余人次，在国家级刊物发表研究论文 10 余篇。2017 年高中化学教研组成为海淀区第二批化学教研基地，艺术教研组再次蝉联北京市金帆书画院头衔，历史教研组成功承办了全国中学历史课程与教学高端学术研讨会。教师广泛参与课题研究，学术型教师团队建设初见成效，教师的精神面貌和专业水平得到上级部门好评，锐意进取的二附教师为学生成长筑梦、护航。

五、办学成绩

首都师大二附中充分利用集团化办学教育资源，形成教育合力。增光路校区和彰化路校区距离首都师大附中本部近在咫尺，极大地方便了二附学生的跨校选课。自承办以来，首都师大二附中先后110多名学生到首都师大附中"留学"，先后50多名学生实现了跨校选课，近20名学生在首都师大附中参加了竞赛辅导课程。近两年二附中高中部11位学生在北京市学科奥林匹克竞赛中获奖，其中李涵同学获得第30届全国奥林匹克化学竞赛一等奖，王晔、鲁梦曦同学获得第31届全国奥林匹克化学竞赛二等奖。学生鲁梦溪曾说到："回首在附中竞赛学习的经历，我感受颇多。在看到成绩单的那一刻，我有很多感慨，若是没有附中老师的帮助以及集团合作办学的优惠政策，我一定不会有这样的成绩。"骄人的中高考成绩也不断刷新着学生腾飞的新起点。

近几年，首都师大二附中教育教学成绩大幅提升，一年一个新台阶。北京电视台《非常向上》栏目、《京城教育圈》《海淀教育》等多家媒体集中报道，学校被百姓誉为京城"加工能力"强校、"年度教育黑马""建设中的新品牌学校""区域热点学校"等。

第六节　首都师范大学附属中学昌平学校

为充分发挥优质教育资源的辐射作用，在北京市发改委、昌平区委、区政府的大力推动下，2009年6月2日，昌平区教委、北七家镇政府与首都师范大学、首都师范大学附属中学签订合作办学协议。2013年9月10日，北京市昌平区机构编制委员会批准设立首都师范大学附属中学昌平学校，2014年8月31日首都师范大学附属中学昌平学校正式建成并投入使用。自开办以来，已经培养了4届初中毕业生、3届高中毕业生，均取得了良好的教学成绩，获得了社会广泛赞誉。

一、办学条件

在首都师大附中教育集团和上级主管部门昌平区教委的大力支持下，昌平学校硬件设施建设发生了很大变化。七彩长廊提供师生阅读和小憩场所；灵璧石周围增加水元素，使原来灵璧石灵动起来，配有"唤醒"文化雕塑；建成标准化的录课教室，满足学校教师录课；建成专业的心理咨询教室，满足学校心理咨询课程的使用和个别学生的心理疏导；建成阶梯教室电子显示屏和录播系统、灯光舞台效果，满足我校师生文化活动需求。学校占地面积40000平方米，建筑面积25043平方米，教育教学设施设备基本齐全，是一所现代化的完全中学。

二、"唤醒"与"成就"

昌平学校在首都师大附中教育集团"学校发展督导团"和"学科发展专家指导团"的大力支持下，确定了"以学校文化为引领，以课程建设为核心，以实践活动为载体"的育人模式。学校立足于优秀文明之根，面向世界、面向现代化、面向未来，以唤醒并成就每一个孩子为办学目标。

学校坚持"人本、和谐、创新"的管理理念，坚守"爱国、科学、人文"的教育理念，把对"人"的培养作为教育的终极目标，因材施教，努力提升学生的精神素养，培育厚德博学的创新人才。学校办学特色以注重德育、注重实践、注重文化，全面发展与学有特长两相兼顾，处处体现学生的主体性，以"国内领先，国际一流"为学校的办学方向。

首都师大附中昌平学校与首都师大附中一脉相传，在今后的办学道路上，将秉承附中百年的文化积淀，正志笃行、成德达才，努力吸收附中教育营养，积极打造让领导放心、家长满意、社会交口赞誉的优质学校。

三、教师队伍

对于任何一所学校而言，理念的贯彻、课程的实施，都离不开高素质的教师队伍。因此，首都师大附中昌平学校建校之初就把如何有效促进教师专业成长列为工作重点。关注课堂、课程和课题，通过教研、培训、交流、研讨等多种形式，努力打造一支师德高尚、业务精湛的教师队伍。

（一）集团助力促成长

作为首师大附中教育集团成员校，昌平学校具有得天独厚的资源优势，教育集团组织"学科发展指导团"下校听课、指导教研，组织思想作风好、业务水平高的教师与青年教师师徒结对。本校教师也多次走进附中本部和集团其他成员校参加学习培训活动，有效地促进了教师专业水平的提升。

（二）校本研修筑基础

为了充分发挥培训功能和优势，促进教师专业化发展，努力营造教师终身教育和可持续发展的良好格局。结合校情和教师成长中的实际问题，学校每学期都制订具体的校本研修计划，注重教师育人理念的转变和专业素养的提升；每学年组织分门别类的培训活动近百课时，既有面向全体教职员工的教育理论和理念的培训，又有针对具体问题的专项研讨。

（三）教育科研启智慧

"教而不研则浅"，学校着眼于核心素养培养的学科教研，立足于教育教学能力提升的课题研究，源于教师的工作实践，又有效地指导着教师的教育教学工作。学校积极鼓励和指导教师努力进行教育教学研究，注重对教师专业素质和业务能力的提升，依托市区级课题，引领科研兴校步伐，先后承担了国家级课题子课题 2 项，市、区课题 3 项。建校以来，教师论文在市、区级以上研究成果评比中论文获奖累计达 177 项，国家级论文发表初见成果。在市区级课题的引领下、科研理论培训的指引下、教研组科研氛围的熏陶下，教师努力实现从职业型向事业型、经验型向科研型、高学历向高能力的转化。

（四）交流分享树榜样

2017 年，学校创办 SCF 论坛，目的是以论坛促交流，以交流助成长。目前已成功举办八期论坛，共 33 位优秀教师做主题发言。2018 年，启动名师工作坊。截至目前，共组织开展 37 节（次）名师工作坊展示课（活动），"为学为师"微信公众号共推送 56 篇，开展"我与校长面对面"活动 3 次。

通过交流展示活动，教师不断总结、反思，促使自己对教育教学的研究从自发上升到自觉层面。在加强自身的学习能力、创新能力提升中，教师们致力于研究本学科核心素养的落实，从而推进学校教师队伍建设的快速发展，打造高素质的教师团队。

上述工作的有序推进，在潜移默化中影响着教师的育人理念，教师的专业素养也在活动中逐步提升，为优化教育供给奠定了良好的基础。自建校以来，学校教师队伍建设取得喜人成绩，综合素养得到全面提

升，有 425 人次在各级各类比赛中获奖。近两年，昌平学校教师承担了
62 节市区级公开课、研究课、展示课任务。在 2014 年"北京市青年教
师教学技能培训展示"比赛中，全区 30 名参加教师中，学校共有 4 名
教师参赛，一等奖 2 人、二等奖 1 人、三等奖 1 人。2017—2018 年，学
校新教师在北京市"启航杯"比赛中获市级一等奖 3 人，占全区一等
奖比例的 42%。学校青年教师陈欣老师参加北京市"京教杯"教学大
赛获得市级二等奖，这也是昌平区参加该项赛事获得的最高奖项。

四、学校成绩

优质的教育服务，有效地促进了学生的全面发展。学生在国家、
市、区级各类展示比赛中，成绩优异。集体项目荣获国家级 4 项，市级
比赛一等奖 12 项，二等奖 11 项，三等奖 18 项；区级比赛一等奖 22
项，二等奖 28 项，三等奖 27 项。个人单项比赛荣获国家级奖项 12 人，
银奖 1 人；市级比赛 510 人次获奖，区级比赛 680 人次获奖。

建校以来，各年级在区期末统考中均取得优异成绩。2017 年首届
初中毕业生在中考中成绩优异，学校被评为教育教学优质校。2018、
2019 年中考成绩不断创造佳绩，2018 年物理、历史学科优秀率达
100%，2019 年思想政治学科优秀率达 100%，两年中考总分优秀率均
超区平均 10 个百分点以上。物理、英语和历史三个学科在中考中共计
有 13 名同学获得满分，送走三届初中毕业生，有 45 位老师被评为昌平
区教学质量监控与评价学科优秀教师，学校连续三年被评为区教育教学
综合质量评价优秀学校。

高中学段整体发展也取得了优异成绩，昌平区基础教育科统计数据
显示，昌平学校是相对于中考成绩学生发展最好的三所学校之一，也是
尖子生发展良好的两所学校之一，充分表明学校对于学生的培养是卓有

成效的。2018年首届高中毕业生在高考取得喜人成绩，本科上线率达95%；2019年高考取得新突破，本科上线率达99%。多名学生被"985""211""双一流"等高校录取。

建校以来，首都师大附中昌平学校先进的育人理念深入人心，优异的办学成绩得到社会各界的广泛认可和好评，学校也收获了诸多荣誉，集体获奖达到100项：昌平区初中教学质量监控与评价优秀学校、昌平区教育系统关心下一代先进集体、北京市中小学生综合素质评价基地校、基础教育信息化应用示范学校、区教育系统五四红旗团委、"书香燕京——北京市中小学阅读指导"活动组织先进单位、丘瑞斯北京市中小学学生英语达人争霸赛"优秀组织奖等。

第七节　首都师范大学附属中学通州校区

随着通州区北京城市副中心地位的逐步确立，一场有关教育的改革正在这个日新月异的新兴城区全面展开。首都师范大学附属中学这所百年名校，更是紧紧抓住新时代赋予的使命和机遇，与城市副中心的教育规划和教育发展东西呼应。2014年3月31日，通州区人民政府与首都师范大学签订了合作框架协议，继而通州区教委与首都师范大学附属中学签订了合作办学协议，这一系列的举措都旨在把海淀优质的教育资源引进通州。2015年9月，首都师范大学附属中学通州校区开始正式招生，作为一所完全中学，自觉肩负起通州区教育改革的新使命。时至今日，这所"高起点、高质量、高标准"的现代化中学取得了可观的开局，不仅实现了自身的高位发展，还带动了整个区域教育水平的整体提升。

首都师大附中通州校区搭建成达育人体系，推广"四修"课程体系带动通州区学校的课程体系建设，学校中高考成绩位居通州区前列。高考本科率100%，高考各科平均分稳居全通州区前两名；中考总成绩，平均分、优秀率、及格率均位居全区第一名。

一、办学条件

为了满足城市副中心地区人民群众对高质量基础教育的期盼及要求，通州校区在附中本部的支持下在原址重新建设新校区，新校园占地83亩（55361平方米），建筑面积8.5万平方米，地下空间4.1万平方米，有教学楼、宿舍楼、艺术中心及风雨操场、配套地下体育设施四个单体建筑。新校园建成后可提供大约54个班，学位大约2300个。项目建成后，学校的体育艺术设施将与周边的幼儿园及三所小学共用共享，游泳馆等设施将面向社会居民开放。通州校区结合城市副中心发展规划，与北京市教育改革进程紧密结合，努力将正在建设的新校区打造成面向未来的现代化学校。

二、课程改革因地制宜

通过不断的调整与改进，学校秉承百年附中"成德达才"的育人理念，恪守"自觉、勤奋、求实、创新"的校训，坚持教育与教学相统一，形成了"三注重，两兼顾，一体现"的教育特色，即注重德育、注重实践、注重文化，"全面发展与学有特长"两相兼顾，处处体现学生的主体性，在育人理念、教学管理、师资培养等方面积累了丰富的经验。

通州校区秉承附中"高质量、轻负担"的教学理念，课堂教学追求突出学生的主体地位，遵循学生的认知规律，倡导以激发学生兴趣为基础，努力提高课堂的效率。

以首都师大附中的"四修"课程体系为基础，通州校区充分借鉴附中的教育教学改革经验，结合通州区的地域特色和学情需求，设计了通州校区的"四修"课程体系，即基础通修、兴趣选修、特色必修和专业精修。其中基础通修是落实国家课程，实现学生基本素养的全覆盖；兴趣选修是培养特长，激发学生的学习趣味；特色必修注重实践能力的培养，为落实学科素养提供有效的补充；专业精修立足提升学生的学科能力，实现深入的专业引领。

三、教师队伍

首都师大附中通州校区全体教师均按附中标准招聘，80%以上均为重点大学硕士研究生及以上学历，还有多名北大、人大和中科院的博士、硕士。

市教委和首都师范大学为支持通州校区的建设与发展，还成立了"首都师范大学学科专家指导团""附中名师指导团"，为中高考学科均配备至少一名大学资深教授和中学知名导师，定期到学校进行专业教学指导。得益于学校的重视和有针对性的引导，年轻的教师团队从一开始就迸发出强大的力量。他们的教育教学能力快速提升，师德品质和高度的责任心犹如一股春风，滋润着城市副中心的大地。

四、特色活动

活动育人是通州校区德育工作的动力，建校以来搭建了青年节、读书节、科技节、艺术节、体育节、国际文化节、传统文化节七大节支撑下的"五四"表彰、"一·二九"远足、社会关注行动、名著展演、古诗词大赛、诗歌朗诵会、科技嘉年华、"春之声"合唱节、书画作品展、"振兴杯"篮球赛、春季环湖越野跑、万圣节、英语好声音、英文名著展演等近 20 项活动。活动从内容构思、形式呈现上充分体现着教育与学科的有机融合，效果显著。

体育节。每年四月的奥森公园环湖越野跑、九月的运动会、十月的"振兴杯"篮球赛能够充分发挥体育运动的魅力，在给学生带来良好身体素质提升的同时，加强体育运动素养。

青年节。通过抓住"五四"青年节、"一·二九"运动这些契机，培养通州校区学生们的家国意识、责任担当。

艺术节。通过"春之声""夏之光"艺术活动，分别展示学生们的童声童语及对艺术的追求与赏识。

科技节。"少年强则国强"，通过每年三月的科技节系列活动，为学生搭建观察、思考、实践科学知识的舞台，让孩子们尽情领略科技的魅力，激发孩子们的创新意识。

读书节。打造书香校园一直是通州校区从百年附中传承和发扬的事情，通过一系列生动、有趣的活动，让孩子们阅读书、悦读书，让读书成为一种生活的习惯。

国际文化节。为培养学生的国际视野、国际情怀，通州校区通过经典名著英文讲演、英文好声音等活动让学生讲书本中学到的英文知识敢于表达、善于表达。

传统文化节。通州校区紧抓追思清明、团圆中秋、登高重阳等传统节日为契机，对学生进行传统文化教育，让传统文化潜移默化地根植在每个学生的心中。

通州校区的德育活动不仅仅拘泥于一个固定的模式，而是在不断探索实施的系列活动的过程中将其落到实处，积极实现德育工作的实效性和针对性，培养德智体美劳全面发展的一代新人。

第八节　首都师范大学附属中学北校区

为了充分发挥附中的示范引领作用，进一步扩大优质教育资源辐射范围，也为了积极承担社会责任，响应政府的号召，办好居民家门口的每一所学校，北京市海淀区教育委员会与首都师范大学附属中学正式签署了首都师大附中北校区建设和管理的协议。

首都师大附中北校区于 2018 年正式开学，毗邻龙脉天成的百望山，在充分整合了市、区教育资源的基础上，开创了一种全新的办学模式。有别于附中的任何一所分校，北校区除了办学地点与本部不同外，其他与本部完全一致：法人一致、师资一致（统一编制、统一调配、统一教研、统一管理、统一评价）、招生一致、学籍一致、课程一致。

一、办学条件

北校区位于海淀北部生态科技新区，地理位置优越，交通便利。学校充分利用地上与地下空间，报告厅、图书馆、食堂、风雨操场、舞蹈教室、实验室、信息教室、篮球馆等一应俱全，充分满足教育教学的各方面需求，为学生的学习和生活提供了优质的保障。

北校区近三年来在初中楼、高中楼、实验室建设了 58 间智慧教室和实验室。在建设智慧教室的同时初步建成了智能运维系统，为教室的管理提供了相对智能化的服务。

二、学校文化

加强校园文化建设是促进学生全面发展的重要保障。北校区依托独特的地理位置优势，精心设计育人环境，整个校园充满山水自然意趣，将理性与感性相融合，为师生身心的健康发展提供了良好的条件。

位于学校主入口的采光天井，远看像是一块五彩石，近看是圆形的底座上托举一个着印有首都师大附中首字母的正方体。如此设计，意在让附中学子知规矩、成方圆，将来堪当大任，成为社会中坚、祖国栋梁。三山五岳墙与五彩石采光天井相呼应，正所谓"三山五岳开天地，炼石五彩立世间"。

以"四端正心、五德润身"为主线，学校精心设计了四端金台、五德书卷。《论语》雕塑、乐学长廊、天圆地方主题雕塑，楼道墙面上的古诗词……学校于细节处落实"成德达才"的教育理念。在这里，每一面墙壁都会说话，每一个角落都富有生命力，每一处景观设计都能让学生感受到中国传统文化的熏陶。

北校区教学正志楼第一层、第二层、第三层、第四层挡烟垂壁被一幅幅历史图片、一段段文字所装点，第一层展示了百年附中发展历史的点点滴滴，第二层展现了北京这座城市的发展历史，第三层展示了中华文明发展过程中不同时期的精彩，第四层展示了世界文明发展历史。一幅幅图片和一段段文字不仅可以让同学们学习各种历史知识，也进一步增强了北校区全体师生创新创优的使命感和责任感。

创意广场为同学们构建了一个发现问题、公布课题的公共平台，营造开放式学习氛围，提供自主学习和团队合作学习的多元空间，为创新型学习方法的建立提供一个有效的实施环境，为创意与梦想搭建一个分享和展示的舞台。

　　学校本着"搭建平台、活跃校园、拓展素质、打造精品"的理念大力发展学生社团建设，建立了文学、舞蹈、体育、民间传统工艺、信息技术等社团组织，为同学们提供锻炼的平台，丰富了学生的课余生活，让不同的学生在不同的领域有不同的发挥，使学生的综合素质得到全面的挖掘与发展，进一步充实、完善学校成达育人体系。

　　物理、生物、化学试验室区域通过展示古今中外相关科学家的历史贡献，让学生认识到各领域大师们对科学执着的精神；通过平面媒体及三维立体艺术装置展示经典科学原理，开阔学生科技视野，激发同学们对自然科学的兴趣爱好。同时，文化环境建设甄选各领域科学家的经典语录通过艺术化的形式呈现出来，以鼓励学生致诚求真的学习精神。

　　2014 年，附中本部启动了"书香校园"建设项目，作为校园文化建设的重要组成部分，该项目已取得阶段性成果，在师生中受到广泛好评。北校区作为 2018 年成立的新校区，在基础设施建设过程中，也充分考虑了这个项目在北校区的有效实施。在书香校园建设过程中，学校借鉴了本部的成功经验，同时在很多方面也力求展现北校区特色。在图书馆建设、开放书架和校园文化展示、阅读活动的组织等方面，都取得了一定的成绩。北校区家长郑宁表示："作为首届学生家长，很庆幸当初的选择。感恩首师附本部和北校区领导为百年学府开创全新办学模式所付出的心血，希望集团的未来更加美好。"

三、教师队伍

　　北校区目前共有教职员工 78 人（教师 66 人、职员 12 人），其中博士 5 人，80% 为硕士及以上学历，毕业于清华大学、北京大学、中国人民大学、北京师范大学、中国科学院大学等著名高等院校及海外著名学府。学校现已涌现一批市级区级优秀班主任、骨干教师等中坚力量，市级课题研究及各类教育教学论文评比、教学竞赛均获得优异成绩。

北校区教科研气氛浓厚，各科教师在紧张的课堂教学工作之余，能够有意识地、积极地参加各项教科研的活动，在论文发表、征文获奖、课题研究、学生竞赛辅导及各类教学比赛中都取得了非常突出的成绩。北校区成立以来，教师有 51 篇论文正式发表或获奖，其中有 5 篇发表在教育类核心期刊；有 19 位老师主持或参与了各级科研课题；在北京市"启航杯"、海淀区"风采杯"和我校"正志杯"等教学比赛中共获奖 65 项。2018~2019 学年，学校有 16 位教师取得了上述各类成果，占在职一线教师总数的 66.67%；2019~2020 学年，有 34 位教师取得了上述各类成果，占在职一线教师总数的 73.91%。

另外，学校注重对教师科研工作的引导和鼓励，每学年都会对教科研成果进行评选，并在教师考核评分体系中设置了教科研成果的权重。另外，学校还通过讲座培训、经验介绍等形式，向广大教师介绍教科研相关的理论和实践经验。

第九节　首都师范大学附属中学实验学校

首都师范大学附属中学实验学校是房山区教委与首都师范大学附属中学联合创办、北京市教委正式批准的一所十二年一贯制的公办学校，于 2018 年 9 月 1 日正式开学。建校至今，学校与首师大附中的办学理念、规章制度、管理模式、办学质量、师资标准等方面完全统一，实行"一个法人、一体化管理"模式。学校传承与发扬"正志笃行、成德达才"的教育思想，全面对接首都师大附中的优质教育资源，结合房山区的教育实际，因材施教，努力提升学生的精神素养，培育厚德博学的成达少年。实验学校坚持"用心做教育，做心中有爱的教育"理念，努力打造现代化、高水平、特色美的基础教育名校。

一、办学条件

首都师范大学附属中学实验学校地处房山区长阳镇核心位置，交通便利，各项配套设施齐全，学校北侧紧邻共和国部长纪念林。首师大附中实验学校第一期义务教育阶段，校区占地面积 29943.87 平方米，建筑面积 32638.3 平方米，设施齐全，配置一流，环境优美，为师生提供良好的学习、工作和生活环境。在区教委和首师大附中的大力支持和帮助下，学校的硬件设施逐渐完善，目前学校拥有 36 个多媒体教室，还有充满童趣的图书馆，每周末免费向学生及家长提供阅读服务，并有专门的教师进行阅读指导，积极营造书香校园氛围；宽敞明亮的二层体育馆，一层为篮球训练场，二层是排球和田径训练场，并配备足球场和 300 米的环形塑胶跑道，为学生体育锻炼和身心发展提供超一流的外部条件。设施先进的多功能教室、富有创意的科学教室、设计先进的计算机教室、功能齐全的阶梯教室及美术教室、舞蹈教室、音乐教室、书法教室、围棋教室等为学生的多样化学习提供支持。

二、成达少年塑造工程

学校突出"以人为本"的现代管理理念，以立德树人为根本任务，围绕培养什么人、为谁培养人、怎样培养人的根本问题，面向全体学生，尊重个性特点，着眼于学生的多样化发展需要，让每位学生都能全面、和谐和可持续发展，为党育人，为国育才。

（一）坚持立德树人，加强学生价值观引领

1. 爱国主义教育方面。围绕庆祝建国 70 周年开展主题系列活动，开展"向国旗敬礼"活动；雷锋月开展"让学习雷锋精神蔚然成风"的国旗下讲话、"传承雷锋精神，争做文明少年"的主题班会、以学习雷锋精神为主题的手抄报比赛等系列活动，弘扬雷锋精神，强化了少年儿童学习雷锋的意识；以"童心向党，我与祖国共成长"为主题的首届合唱节活动、以"我和我的祖国"为主题的庆祝"六一"国际儿童节暨新队员集体入队仪式、"做新时代好队员"的庆祝少先队建队日活动；组织学生参观中国人民抗日战争纪念馆，缅怀人民英雄的丰功伟绩。在不同活动中，学生感受红色历史，传承红色基因。

2. 传统文化教育方面。学校结合中秋节、重阳节、清明节等节日，宣扬中华民族优秀传统文化，引导学生通过做家务、拍全家福、缅怀先烈等活动，感悟爱国爱家、敬老孝亲、感恩思进、崇德向善的传统美德。

（二）制定行为规则，促进良好习惯培养

小学阶段是培养学生良好习惯的重要阶段。学校推行全员阅读活动，开展"书香家庭"评选、"读书分享"主题班会、"我爱读书"少年评选、周末阅读等活动，营造书香校园氛围，培养学生热爱阅读的良好学习习惯。学校推行全员写规范字活动，引导学生书写汉字、认识汉字、传承汉字文化。学校先后出台了《首都师范大学附属中学实验学校学生养成教育规范标准》《首都师范大学附属中学实验学校学生礼仪培养细则》，让学生明晰养成教育、文明礼仪的内容和标准，立规成习。学校开展年度成达好少年、学期成达好集体、每月成达好班级、成达小达人的表彰评选，每月针对孩子们在遵规守纪、文明有礼、学会学习、身心健康、节约环保等方面的表现进行评比，促进学生好习惯的养成。

（三）丰富学生体验，落实育人实践活动

学校注重少先队建设，引导队员认识红领巾、正确佩戴红领巾、敬标准的队礼，参加庄严的中队会、大队会，用少先队员的标准严格要求自己。组建校容巡查大队、小天使环保社、行为规范纪律检查委员会等，培养队员自主管理的能力。

学校传承总校"实践育人"的育人特色，结合学校学生实际，组织开展形式多样、内容丰富的科技、艺术、体育、文学、传统文化等方面的各类活动，如开展了"我和国旗合个影"、"为祖国献礼诗颂会"、"走进红色房山、传承红色基因"、走进汽车博物馆、抗战纪念馆，走进中国航天科技集团有限公司第十一研究院参观彩虹无人机的生产和科技研发等感受我国社会各项事业发展的强大。另外，学校还举办了"民族艺术进校园"活动，全体师生观看"京腔京韵自多情"传统戏曲主题展演。学校用一个学年度来设计和架构学生的各类活动，分别设立科技节、艺术节、体育节、合唱节、运动会、读书节、传统文化节等活动，让学生成长于实践活动中。

（四）开展家教工作，构建家校一体化教育模式

引导班主任、学科教师充分利用各种途径，加强与家长的沟通交流、优化家教方法，努力营造"愉快合作、真诚沟通、共赢共惠"的家校合作氛围，打造学校、家庭、社会"三位一体"的育人模式。具体措施如下：一是建立完善班级、年级、校级三级家长委员会，让家长参与班级、年级和学校的管理，协商解决共同面对的学生教育问题；二是建立微信群，畅通家校沟通交流的平台，利用微信群定期发送家教知识、学生在校学习生活图片，让家长更好地了解学生在校学习与生活；三是开展家长志愿服务，开设周末阅读、周末影院、周末赛场等，开放学校教育资源丰富学生课余活动。学校还组织教师家访，制定了《养成教育家校联系单》，要求家长每天都对孩子的各项习惯进行评价；组

织学生参与社区联欢活动，走进社区开展普通话宣传活动。

三、教师队伍

在"用心做教育，做心中有人的教育"的教育理念指引下，学校致力于打造了一支"师德高尚、业务精湛、理念先进、研教俱能"的高素质教师队伍，多措并举扎实推进师资队伍建设。

自 2018 年建校以来，学校办学规模不断壮大，发展势头强劲，现有教职工 78 人，一线教师 71 人，其中硕博士研究生 42 人，占一线教师总人数的 59%；拥有市级骨干教师 1 人，区级骨干教师 6 人，区级骨干班主任 2 人，区级骨干和班主任 1 人，校级骨干教师 10 人，校级骨干班主任 6 人；已取得高级教师职称 1 人，一级教师职称 7 人，二级教师职称 42 人，三级教师职称 1 人。

学校新入职青年教师多，综合素质高，年轻有活力，发展潜力巨大。学校积极探索"师德引领——课题研究——研教并重"的教师成长模式。带领教师深度学习教育的法律法规，开展师德演讲，严肃师德师风，守好师德底线，努力打造专业能力与专业风格全面发展的创新型教师队伍。

学校引导全体教师树立"科研促教研"意识，教师每人开展课题研究，实现"人人有课题，人人搞研究，人人能发展"，从而破解教育教学中的真问题。2020 年 11 月 25 日，北京市教育科学"十三五"规划 2020年度校本研究专项课题《创新人才培养导向的中小学教师队伍建设理论创新与行动策略研究》举办开题会，顾明远教授、沈杰校长等著名教育家参加开题会，并为课题研究的顺利开展提出了宝贵的建议和意见。

学校以"研教并重"为原则，以"校内校本教研+校际互助教研+高端联合教研"为形式，多层次、多形式做实教研。2019 年 12 月，与首师大联合开展教科研月活动，每学年开展一次"长阳论教——教育教学研讨会"，还联合成立"北师大教育学部教育教学实践基地"首师大教育学院"博士研究生教育创新实践基地"和"博士后科研工作站"等项目，旨在通过高端资源激发教师专业发展活力，引领教师专业成长。

学校成立青年教师论教班，引导青年教师完成"五个一"，即每月坚持读一本教育专著、每天坚持写一篇教育随笔、每学期上一节青年教师展示课、申报一项教育教学实践研究课题、制定一份三年发展规划，为青年教师的专业成长提供机会、搭建平台，引导青年教师树立教书育人的责任感和使命感。初一年级在房山区54所初中校语数外入学考试成绩接近区平均分的情况下，第一学期期末数学总分在房山区各初中校排名第一，其他学科也跃居前十名。

奋斗中的实验学校先后获得"全国青少年校园篮球特色学校""全国青少年人工智能创新人才培养基地""北京市第五批中小学文明校园""北京市第二批奥林匹克教育示范校"等荣誉称号，杨帆、崔雨两位语文教师分别获得2019年和2020年市级"启航杯"语文学科比赛一等奖，李艳玲老师获得2020年北京市第四届班主任基本功大赛一等奖和最佳方略奖。

第十节　首都师范大学附属实验学校

2019年，以加入首都师大附中教育集团为契机，首都师大附属实验学校充分借助附中优质教育资源的辐射作用与引领优势，以"成达教育"，尊重教育规律为核心育人理想，基于"五育课程"深化"高质量课堂"，以培育胸怀祖国、具有国际视野的成达少年为育人目标，努力向基础教育标杆迈进。首都师大附属实验学校秉承"尊重"教育理念，打造一流教师、一流学科，助力师生全面发展。

学校践行最美教育理念，不断挖掘其核心："尊重"内涵，助力学生全面成长与个性发展，培养胸怀祖国、具有国际视野的美德少年，连续9年获得朝阳区中考优秀校荣誉，是朝阳区素质教育示范学校、市级科技示范校、体育传统校、艺术教育示范校。

一、最美理念

最美教育理念在首师实验表现为以人为本，尊重人才发展规律，润泽生命幸福成长。内涵有五个维度：尊重教育规律，尊重学生的身心发展规律，尊重学生的人格，尊重人才的成长规律，尊重教师的知识、劳动、创新精神。学校在最美教育实践中，在尊重教育基础上，以"建设中国基础教育标杆学校"为办学目标，以"培育具有胸怀祖国和国际视野的美德少年"为育人目标，在建设独特的学校文化中，培育文明、勤奋、博识、勇敢的美德少年。

二、全息课堂

著名教育家陶西平说过"因为教育的特点在于需要传承积累而又不能因循守旧，需要改革创新而又不能朝令夕改。因此既要勇于突破，又要善于协调，实现创新精神与科学态度的有机融合。"近年来，学校不拘泥于传统课堂教学，大力深化教学改革，依据首都师范大学"全息课堂"原理，提出了基于"五育课程"深化"全息课堂教学"的文化课堂，以全息结构、全息发展、全息重演的原理，实施思维为本、知识为体、迁移为法、实践为基、素养为核、智慧为重、整体建构、全息发展的八大策略，润泽每个生命健康成长。

在1~6年级学段围绕全息课堂提出六项实践：形成具有"生命情怀"的课堂新型态。一个核心：践行尊重，润泽生命；二个关注：关注知识与生活的联系，关注核心概念；三个营造：开放、体验、交流；四个还给：把时间还给学生、把思考还给学生、把话语权还给学生、把质疑权还给学生；五个主导：导知、导疑、导评、导行、导情；六个学：引学、自学、展学、研学、固学、延学。

在7~9年级学段发展成为：把时间还给学生（自主学习、交流共享）；把空间还给学生（探究未知、质疑问难）；把机会还给学生（尝试成功、经受挫折）；把个性还给学生（独特感悟、自由表达）；把尊严还给学生（人格平等、思想尊严）；把评价还给学生（内化建构、思维提升）。

▌第七章▌

关于集团化办学的思考与建议

随着国家基础教育改革的不断深化，我们的教育组织形式也在逐渐发生变化。作为增强优质教育辐射能力和辐射范围、推进教育优质均衡发展的有效方式，集团化办学是学校间关系发展变革的新的组织形态，是体制机制的创新，是教育工作者们经过多年探索实践后集体智慧的结晶。相信在未来的很长一段时间，集团化办学也需要经历发展、调整、走向成熟的过程。

开办分校、承办薄弱校，初衷就是为了带动和提升教育薄弱区域的发展。教育集团成功与否，就在于是否用最合理的投入做到产出最大化，是否真正增加了优质教育资源的供给，是否围绕立德树人的根本任务助力孩子成长成才。

第一节　集团化办学的显著优势

一、从功能来看

集团化办学能够集中优质教育资源，同时能够有效实现资源的跨区域调配，将优质教育资源的功效发挥到最大。

在集团化办学之前，各个学校分散于不同区域，虽然各学校的资源各具优势，但由于地域的阻碍和体制的相对独立，很难实现真正的整合。一些资源在大部分时间处于未被充分利用的状态，一些资源的利用率不高，甚至有些资源并未得到正确的利用，未发挥真正的价值。集团化办学的实施，打破了管理机制的限制，首先能够整合各类资源，增加优质资源总量，并从总体上对优质资源进行分类分层级规划，其次可以对资源进行合理的配置，将优质资源合理输送到有需求的成员校，或集中力量办大事，发挥整体作用，最终实现将优质资源的作用尽可能发挥到最大。

比如各类学科的特色实验室，在集团化办学之前仅仅满足了某一个学校的需求，在集团化办学之后，能够将成员校的课程进行统一规划，有需求的成员校可以共享教育教学设施设备；比如在某个领域有专长的教师，在集团化办学之前仅仅能够教授自己学校的少量学生，在集团化办学之后，能够有更广阔的平台开设更多专业课程，让更多学生受益；某个成员校开设的特色课程、特色活动，也可以将经验做法有效延伸，带动集团其他学校共同开展类似活动，让优秀的学校文化得到有效传播。

二、从效率来看

集团化办学能够带动薄弱学校实现快速发展，将先进的办学理念进行高效传递，在较短时间内能实现教育教学质量的提高。

一所薄弱学校的发展，不仅需要理念的提升，还需要资源的持续投入及人才队伍的建设等方面的共同努力。在不借助外力的情况下，学校实现全面发展的周期会很长。集团化办学能够将优质校的办学理念直接输入，将先进办学模式进行复制，对学生进行科学的培养，同时对教师队伍进行培养和提升，也能有效规避一些常规的问题与风险。在成熟的教学管理模式带动下，学校能够获得最大的提升效率，在较短的时间内实现优质而快速的发展。

在集团化办学之前，国家和地方的教育管理部门已经意识到了教育发展的不均衡问题，先后采用了对口帮扶、城乡统筹等一系列的措施来改善现状。在当时的历史阶段，受限于经济和社会发展的现状，虽取得了一定的成效，但相对来说效率较低，而且在机制体制的限制下，不能更好地发挥优质资源的带动作用。集团化办学的模式得到认可之后，所体现的效率是以往的策略所无法比拟的，在短时间内，实现了各学校的跨越式发展。

三、从质量来看

集团总校的优质资源得到了有效的传承，成员校教育质量、区域教育质量都有显著提升，集团化办学不是削峰填谷，而应当是填谷造峰。

在集团化办学的初期阶段，许多人表达了对于优质资源稀释的担忧，认为集团化办学，可能由于资源的不断输出，取得的是削峰填谷的效果。然而经历了多年的实践之后，一些可能出现的问题都被有效地解决，人们对集团化办学的规模效应有了重新的认识。

集团化办学的龙头学校应该是在各方面具有强大综合实力的学校，能够在教师队伍、教学质量、办学设施等方面都有着示范和引领的作用。很多优质的教育资源能够在集团化办学的过程中，得到有效的传承与延伸。先进的办学经验作为可再生资源，能够得到高效的复制。好的集团化办学，能够将优质资源的总量进行提升，而不是对资源的稀释；是对成员校现有资源的优化，而不是盲目摒弃；是对人员队伍的培养塑造，而不是简单更换。在智慧的管理者的有效引导下，在科学合理的理论指导下，集团化办学能够实现教学质量的共同提升以及优质教育资源的普遍增长。

四、从动力来看

集团化办学激发了学校发展的内生动力，给老师带来了成就感，激活了教师群体，同时助推了学校的可持续发展。

一方面，通过集团化办学，输出校的教师有了更广阔的实践平台，能够将自己教学经验在更广的范围进行检验，通过对薄弱学校教师的帮扶，也能够让自己的教学积累发挥更大的价值。一些教师通过集团化办学，有了更多的机会到各个成员校承担组织教学及管理的教学任务，成长为学科带头人或优秀的管理干部，更好地实现了自己的价值，也增强了自己的职业自信。

另一方面，薄弱校的老师有了更多的机会去近距离接触名师，学习先进的教学理念、教学方法，能够有目标地去提升自己的业务水平，同时通过教育集团平台，也能够参加更多的教师专业培训，不断开阔视野，从而获取更大的进步。通过能力的提升及学校学生的进步，教师能够有更多的获得感和成就感。集团化办学对于输出校及输入校的教师工作动力的激发都起到显著的作用，教师在集团办学的过程中都对职业生涯的发展有了新的获得感。

五、从影响力来看

集团化办学促进了不同区域间的教育交流和文化交流，带动了区域基础教育的发展，也切实有效地缓解了人民群众"上好学"的需求。

集团化办学通过学校教育品牌的整体塑造，将先进的教育理念从总校传播到各个成员校，将优质的教师输送到成员校带动更多名师的成长，先进的管理模式也推动着成员校的迅速成长。同时，很多先进的教育理念和管理模式也从成员校传播到所在区域的其他学校，一所学校的优质发展，同时激励着集团外的其他学校主动创新，谋求发展，共同进步。在这种"鲇鱼效应"的影响下，成员校所在区域的整体教育水平将得到共同的提升。学校教学质量的共同提升，也从另一个层面上推动了区域优质教育资源总量的增加。学校所在区域内人民群众，有了更多的机会在家门口享受优质的教育。基础教育水平的切实提高，也能够解决当地居民的后顾之忧，对当地教育的信任感增强，生活幸福指数也随之提升。

六、从信心来看

优质教育资源通过集团化办学辐射到教育的相对薄弱区域，提振了承办校领导、师生、家长的信心，以及归属教委的信心。一所学校的发展，外在帮扶是辅助，内在发展才是关键。从实践上来看，首都师大附中教育集团加强了优质教育资源与本地多类资源的整合和创造，学校的发展逐步走入良性循环。

学校是发展的主体，是教育活动的实践者，也是教育发展的主要推动者。由于注入了优质教育的"活水"，成员校的活力被激发，教育教学各项工作的正向改变显著。学校的发展进一步激励了师生的内驱力，产生了强烈的学校荣誉感，对于自身发展和学校发展都信心倍增。学校内生动力系统的建成，自我驱动效应增强，各项教育教学工作得以创新开展，师生成绩得以显著提升，这使得学生家长满意度逐步提升，为区域的教育发展奠定信心基石。

第二节　首都师大附中集团化办学取得的成效

一、薄弱变优质，区域教育发展水平快速提高

回顾首都师大附中教育集团十多年的发展之路，经过首都师大附中教育集团的示范与引领，遍布多个区县的诸多薄弱学校一跃成为极具实力的优质学校，许多原本教育贫瘠的学区成了群众入学选择的新热门。许多优秀的学子在优质教育的滋养下脱颖而出，走向更高的理想学府。一大批优秀的教师得到了快速的成长，成长为学校乃至区域的骨干。十多年来，教育集团不忘初心，守正创新，不功利，不浮躁，关注学生的实际获得，走出了自身特色发展之路。首都师大附中教育集团所分布的各个区县，也成了集团化办学的直接受益对象，从人员队伍水平的提高到教育资源总量的丰富。

二、理念再辐射，成达教育思想获得广泛认同

附中的教育理念传承百年，但在很长一段时间内，我们都处于自我完善，追求自身卓越的过程，而教育集团的发展与壮大，让首都师大附中百年文化有了更广泛的认同，成德达才的育人理念不仅在各分校开花结果，而且得到了所在区县教育主管部门、兄弟学校的广泛关注与普遍认可。

让成达教育真正能够体现"有教无类、因材施教、人尽其才"的内涵是我们这些年来的不断追求。附中的各个分校区，区域发展程度不同，学生的差距也比较大。要实现真正的有教无类，就要将不同层次、不同特点的学生都能够找到适合其发展的特色化、精细化培养之路。首

师大附中的教育，核心目标是让每位学生都能成德达才，办为每位孩子负责任的教育。在集团化的办学实践中，我们没有刻意去选择要承办的学校、选择教师、选择学生，更多的是在不断的实践和探索中去尊重个性、因材施教，为学生提供发展的平台，为教师打造实现梦想的空间。教育集团的成功，让成达教育的种子在各个区县生根发芽。

三、经验可借鉴，让"优质均衡"可持续发展

首都师大附中集团化办学所取得的成绩，为未来的教育优质均衡发展之路探索出了一种较为可行的操作模式。各个学校虽然背景和发展之路不同，但都在探索与实践的过程中，找到了自身的优势与发展特色，通过不断的努力，取得了长足的进步，真正实现了可持续发展。

同时，首都师大附中总校在这个过程中办学质量并没有受到影响，还有着不同的收获：我们学校的管理能力、资源管理和调配能力迅速提升，从管理一所学校的模式逐渐发展到多校协同管理。总校教师通过理念和经验的输出，他们的视野变得更加开阔。附中的管理人员的思维也被迅速激活，学校人才队伍也得到了充分的锻炼，以人为本的集团化办学真正实现了可持续发展。

可以说，首都师大附中教育集团为集团化办学的发展、集团化办学的规范及集团化办学的发展前景都提供了重要参考。

第三节　集团化办学需解决的问题

经历多年的实践探索，在深化教育改革、推进基础教育集团化办学的过程中，我们获得了宝贵的经验，也取得了阶段性的成果，但长远来

看，仍有以下几个方面的问题需要解决。

一、体制机制创新亟待解决

目前，集团办学已经成了基础教育的普遍趋势，然而集团化办学的形式十分多样，有的组织有序，有的联系松散。教育管理部门对于集团化的支持政策也不够连续，对于集团化办学行为也缺乏相应的制度进行规范。随着各个教育集团的规模不断扩大，人员编制的配置、干部的培养与流动、资源的合理调配、师生的有序流动交流等方方面面的新事物仍处于探索阶段，并未形成一个统一的管理标准。部分区域的教育管理部门对于集团化办学的重视程度有限，未能像其他常规工作一样狠抓落实，过分依赖于学校自身的主观能动性，因此导致各个学校在缺乏支持的情况下，办学的后续动力不足。

健全集团化办学管理体制，应进一步明确学校、教育管理部门、社会服务部门等单位的权限和职责，加强教育管理统筹，建立和完善相关协调机制。从政策和制度层面需要主管部门加强条件保障，为集团化办学提供支撑，另外，还需要从人力资源、激励机制等方面着手持续为教育集团发展赋能助力，进一步激发集团化办学的活力。

二、集团治理体系尚待完善

集团办学逐步向深度发展，极大地挑战着集团的组织结构与规则。随着成员校水平的提升和成熟，以及各成员校间的广泛联系与沟通，集团出现由单中心走向多中心，由少层次走向多层次，紧密联系的网络结构关系，更加需要推进集团治理体系的现代化。目前现存的教育集团管理模式比较多样，管理成效和管理水平也参差不齐，一些集团仅仅存在于形式上，对于集团化管理方面的研究工作与其他领域相比，也比较少。随着教育集团度过初期的发展阶段，仅仅从帮扶和输出的角度考虑问题，就显得不够与时俱进。

因此我们应当全局思考，依据成员校的办学水平和管理能力，进一步创新集团管理方式，注重加强分类管理，精准施策、精细化指导，积极构建差异化的监管方式。同时，通过各个集团的积极探索，形成一套行之有效、有操作规范的集团化管理模式，甚至形成一个专属的研究领域，保持管理理念和管理方法的不断更新。

三、集团内生活力有待加强

教育集团取得了整体的发展，但各成员校资源价值体现和资源再生的能力仍显不足，多向融合作用仍需进一步发挥。现存的教育集团仍然保持着龙头校输出，其他成员校被动输入的状态，很多成员校没有能够在发展阶段重新定位。

未来我们还要不断激发各学校发展的内生动力，建设好各校自己的创新人才队伍，充分发挥骨干力量和有效资源的自主创生能力，从而更高层次地成就每所学校，成就每位老师，这样才能惠及每个孩子，筑基民族的未来。

第四节 对于集团化办学的政策建议

一、逐步建立深度合作的教育集团分层运作教育体系

紧密型的教育集团是未来发展的趋势，也只有紧密型的教育集团才

是真正意义上发挥作用的教育集团。只有在人员队伍、管理模式、学生培养、资源配置等方面创建紧密结合的办学模式，才能够有效带动集团的整体发展。

由于历史原因、地域特征等方面的原因，各个成员校的基础条件和发展速度均有不同。同样的管理模式对于不同的成员校来说，也未必完全适用。因此，只有建立分层、分类运行的教育集团管理体系，才能很好地满足学校个性化发展的需求。管理、指导、教学安排按照不同的校情进行有序分类、分层，才能够更好地激发学校发展的积极性。

二、建立"多元发展、多向输出"的教育集团运行方式

在集团化办学过程中，在教育集团龙头校、输出校的努力之下，各成员校均取得了一定的发展。但是各成员校之间的发展速度、发展方向和发展特色均有所不同。很多成员校已经具备了造血能力，并且能够进行有效的资源和经验的输出。原来的薄弱校现在已经成为优质学校，或在某些方面已经具备了绝对的优势。这些具备优势的学校可以成长为新的输出校，向其他需要帮助的学校输出师资力量、教育资源及先进的经验。一方面，这些学校减轻了集团总校的负担，承担了诸多重要的任务；另一方面，通过这种方式，高效地带动了集团的发展，也能够促进成员校之间的多向交流。

三、教育集团准入机制与退出机制的构建

在集团发展的初期阶段，一些成员校加入之后，从集团中获取了相应的资源，也取得了长足的发展。最初加入的原因往往是政策因素或地域相近，集团本身的加入机制带有被动性的因素。而新兴的集团化办学

模式，将以学校为单位自发组成的集团为主。考虑主动性因素，原有集团模式下的一些成员校，已经趋于成熟，或在集团管理模式下无法获取更多的"营养"，这就需要一个更科学的准入和退出机制。一些有需求、有意愿的学校能够按照规范加入，而不再具备集团校条件或已经成熟的学校能够有序退出。

对于教育管理部门及监督部门，除了完成日常的学校管理工作外，也应当将对教育集团的管理纳入常规工作中，将教育集团根据不同类型，制定分层、分类的管理模式，在集团成员校的加入及退出审批环节进行监督和指导，对不规范的行为及时予以纠正，以保证集团化办学能够沿着科学发展的道路继续前行。

▌参考文献▌

［1］柳海民，周霖. 义务教育均衡发展的理论与对策研究［M］. 长春：东北师范大学出版社，2007.

［2］顾明远. 教育大辞典［M］. 上海：上海教育出版社，1989.

［3］胡东芳. 教育研究方法：哲理故事与研究智慧［M］. 上海：华东师范大学出版社，2009.

［4］陈振明. 公共管理学——一种不同于传统行政学的研究途径［M］. 2版. 北京：中国人民大学出版社，2003.

［5］宋鸿. 战略联盟的实证研究［M］. 上海：上海人民出版社，2013.

［6］翟博. 教育均衡论：中国基础教育均衡发展实证分析［M］. 北京：人民教育出版社，2008.

［7］黄崴. 教育管理学：概念与原理［M］. 广州：广东高等教育出版社，2002.

［8］孙远航，孙喜连，郭文哿. 薄弱学校改造与发展［M］. 上海：华东师范大学出版社，2006.

［9］谢维和，李乐夫，孙凤，等. 中国的教育公平与教育发展（1990—2005）——关于教育公平的一种新的理念假设及其初步证明［M］. 北京：科学教育出版社，2008.

［10］陈平. 基础教育改革新模式探索［M］. 北京：人民教育出版社，2008.

［11］杨东平. 中国教育公平的理想与现实［M］. 北京：北京大学出版社，2006.

［12］张成福，党秀云. 公共管理学［M］. 北京：中国人民大学出版社，2001.

［13］张国庆. 行政管理学概论［M］. 北京：北京大学出版社，2000.

［14］沈玉春，卫铁林. 现代教育理论［M］. 武汉：武汉大学出版社，2003.

［15］褚宏启，张新平. 教育管理学教程［M］. 北京：北京师范大学出版社，2013.

［16］王吉鹏，李巧梅. 集团组织结构［M］. 北京：中信出版社，2008.

［17］吴志宏，冯大鸣，周嘉方. 新编教育管理学［M］. 上海：华东师范大学出版社，2000.

［18］蔡定基. 基础教育学区管理模式研究［M］. 北京：人民教育出版社，2013.

［19］潘惠琴，常生龙. 区域性现代学校制度体系构建［M］. 上海：同济大学出版社，2015.

［20］戴群，周柳贞. 依托重点中学　办出分校特色［J］. 上海教育，2001（11）：49-50.

［21］王绪军. 实施联校办学和联片管理　推进义务教育区域一体化发展［J］. 湖北教育（综合资讯），2012（2）：33-34.

［22］庄汉斌. 义务教育小片区一体化管理的实践与探索［D］. 福州：福建师范大学，2013.

［23］张松祥. 我国义务教育教师一体化发展探析［J］. 中国教育学刊，2014（2）：20-25.

[24] 孙宏愿. 英国中小学"联合"学校政策研究 [D]. 重庆：西南大学，2012.

[25] 杨令平. 西北地区县域义务教育均衡发展进程中的政府行为研究 [D]. 临汾：山西师范大学，2012 年.

[26] 钟景迅，曾荣光. 从分配正义到关系正义——西方教育公平探讨的新视角 [J]. 清华大学教育研究，2009，30 (5)：14-21.

[27] 吴文俊，祝贺. 从罗尔斯的正义原则看教育公平问题 [J]. 辽宁教育研究，2005 (6)：1-4.

[28] 王善迈. 教育公平的分析框架和评价指标 [J]. 北京师范大学学报（社会科学版），2008 (3)：93-97.

[29] 肖建彬. 论教育公平研究中的若干理论问题 [J]. 西北师大学报（社会科学版），2003 (3)：29-33.

[30] 冯建军. 义务教育优质均衡发展的理论研究 [J]. 全球教育展望，2013 (1)：84-94，61.

[31] 杨东平，周金燕. 我国教育公平评价指标初探 [J]. 教育研究，2003，24 (11)：30-33，74.

[32] 郑晓鸿. 教育公平界定 [J]. 教育研究，1998 (4)：29-33.

[33] 孙晓春. 社会公正：现代政治文明的首要价值 [J]. 吉林大学社会科学学报，2005，(3)：31-37.

[34] 左红梅. 义务教育阶段实行学区制的依据及其困境与超越 [J]. 教育导刊（上半月），2017 (6)：35-41.

[35] 滕琴，刘传先. 校际间实验教学资源共享的实践与思考 [J]. 实验室研究与探索，2008，27 (2)：153-155.

[36] 郭丹丹，郑金洲. 学区化办学：预期、挑战与对策 [J]. 教育研究，2015，36 (9)：72-77.

[37] 鲍传友. 新型 UDS 合作：推进区域教育综合改革的探索——以北

京市顺义区城乡联动教育综合改革项目为例 [J]. 中小学管理,
2015 (9)：39-42.

[38] 蔡定基，黄威. 义务教育均衡发展视野下的学区集团管理模式探析 [J]. 全球教育展望，2011，40 (11)：73-77.

[39] 褚宏启，贾继娥. 教育治理中的多元主体及其作用互补 [J]. 教育发展研究，2014，34 (19)：1-7.

[40] 曹淑江. 论教育的经济属性、教育的公益性、学校的非营利性与教育市场化改革 [J]. 教育理论与实践，2004，24 (9)：21-24.

[41] 吴晶，宋雪程. 义务教育师资配置的区域差异及空间格局演变研究——以上海市为例 [J]. 宏观质量研究，2017，5 (2)：108-118.

[42] 赵新亮，张彦通. 学区制推动区域教育优质均衡发展的理论与机制 [J]. 教育理论与实践，2015，35 (28)：28-31.

[43] 王晓辉. 关于教育治理的理论构思 [J]. 北京师范大学学报（社会科学版），2007 (4)：5-14.

[44] 王亮. 学区制组织管理模式的特征及未来发展 [J]. 当代教育科学，2017 (3)：24-27.

[45] 杨东平. 教育是社会发展的平衡器、稳定器 [J]. 人民教育，2002 (4)：16-18.

[46] 中华人民共和国教育部. 国家教育事业发展第十二个五年规划 [EB/OL]. http：//www. moe. edu. cn/ewebeditor/uploadfile/2012/07/30/20120730182030495. doc，2012-06-14.

[47] 中华人民共和国教育部. 教育部关于深入推进教育管办评分离促进政府职能转变的若干意见 [EB/OL]. http：//www. moe. edu. cn/publicfiles/business/htmlfiles/moe/s7049/201505/186927. html，2015-05-04.

[48] 中央机构编制委员会办公室. 中央编办 教育部 财政部关于统一城

乡中小学教职工编制标准的通知 [EB/OL]. http：//www. scopsr. gov. cn/bbyw/qwfb/201503/t20150310_ 272579. html，2015-03-10.

[49] 中华人民共和国教育部. 国家中长期教育改革和发展规划纲要 (2010—2020 年) [EB/OL]. http：//www. moe. edu. cn/publicfiles/ business/htmlfiles/moe/moe_ 838/201008/93704. html，2010-07-29.

[50] 中华人民共和国教育部. 国务院关于深入推进义务教育均衡发展的 意见 [EB/OL]. http：//www. moe. edu. cn/publicfiles/business/ht-mlfiles/moe/moe_ 1778/201209/141773. html，2012-09-05.